試合でベストのパフォーマンスを発揮する

サッカー メンタル強化メソッド

実日本社

PERFECT LESSON BOOK

はじめに

日本におけるサッカーは、ものすごい勢いで発展しています。インターネットやスマートフォンの出現によって、今では本や雑誌を購入するまでもなく様々なサッカー情報にアクセス可能です。中でも近年はＳＮＳを通じて数多くのゴールシーンや好プレー集、トレーニング方法や解説などがより身近になっています。

サッカー環境という面でも人工芝のグランドやフットサルコートの数も増え、ショッピングモール内にフットサルコートが併設されている素晴らしい施設もできています。さらに、パフォーマンス向上のためのトレーニングメソッド、栄養管理、体調管理アプリなど、育成年代の選手であれば、高度な情報を自ら手軽に収集することができる時代になっています。

環境は整った。技術的トレーニングの準備はできた。フィジカル面向上のメソッドはある。戦略的データ分析の準備はできた。あとは、何が必要となるでしょうか？

心理面、メンタル面の準備はどうでしょうか？

メンタルトレーニングとは、1950年代初頭から旧ソビエトで研究がスタートし、アメリカを中心として現在までオリンピックと共に発展してきた科学的な心のトレーニングメソッドのことです。これまでの私の指導現場から得た情報と共に「サッカーのメンタルトレーニング」としてまとめました。

スポーツ心理学を背景としたメンタルトレーニングを継続して実施していく中で、私が出会えた体験や経験と共に、現場で生きるサッカー向けのメンタルトレーニングを紹介していきたいと考え、この本の構成を行ないました。

スポーツの現場は結果がすべて。果たしてそうでしょうか？
強いチームが勝ち、弱いチームが負ける。それだけでいいのでしょうか？
勝ったチームは本当に強いのでしょうか、負けたチームは本当に弱いのでしょうか？

結果がすべてなのでしょうか？
勝ったチームはその後、大きく成長を遂げているのでしょうか？
負けたチームはその後、大きく成長していくのでしょうか？
勝ったチームが成長するのでしょうか？成長したチームが勝つのでしょうか？

みなさんは、どのように考えますか？

この本を読み終わった時、みなさんの中でそれぞれの見解が見いだせているはずです。
そのためにも、ぜひこのままページを進め、みなさんの、みなさんだからこそできる、サッカーメンタルトレーニングを見つけてみてください。

大儀見浩介

試合でベストのパフォーマンスを発揮する

サッカー　メンタル強化メソッド　目次

イメージトレーニング

CHAPTER 2

セルフコントロール

CHAPTER 3

試合に対する心理的準備

CHAPTER 4

Soccer mental strengthening method

CHAPTER 1

モチベーションと競技力

CHAPTER 1

1 モチベーション

メンタルトレーニングにおいては、「やる気」とも呼ばれるモチベーションが一番大切です。自分自身のやる気、モチベーションが軸としてなければ、後の章で出てくるセルフコントロールや集中力の扱い方がわからなくなります。つまり、モチベーションがなければメンタル面のテクニックをいくら身に付けても、宝の持ち腐れになってしまうのです。

「勝ちたい」、「うまくなりたい」、「もっと成長したい」という気持ちあってこそのメンタルトレーニングなのです。そのモチベーションをベースに、心の幹と書く「心幹《しんかん》」、ブレない心を作っていくことが大切です。

しかし、小学生からプロのサッカー選手までどの年代、カテゴリーのサッカー選手にも多いのが、モチベーションを外発的なものから作りすぎていることです。人間のやる気というものは専門用語で、「外発的動機付け（外側から出るやる気）」と「内発的動機付け（内側から出るやる気）」の2つに分けられます。

多くの選手は、どうしても外発的動機付けに引っ張られてしまっていて、自分の成長、発見、気づきというのが薄れてしまっています。近年の新しい研究の結果、初めは外発的なスタートでも構わないという論が出てきています。

しかし、その論も外発的動機付けから少しずつ内発的動機付けに変わっていくことが絶対条件です。このことを「自己決定理論」と呼びますが、結局のところ自分で考えて行動していく力を養っていかなければ成長しないのです。

予測する力、判断する力、決断する力。

こうしたものはサッカーで言うと「作戦能力」とか「作戦の切り替え」、「臨機応変な対応」、「対処の仕方」といったものになってきます。そういった力を養っていくためにも自己決定する力が大事になってくるわけです。

簡単に言うと少し先のことを考えてプランを立てて行動していく力、それを養っていくことで初めはサッカーをやらされていたとしても、ゆくゆくは自分自身の成長や気づき、発見、「もっとうまくなりたい」というモチベーションに変化させていくことができます。そもそもなぜ外発的動機付けがいけないのでしょうか？

その理由は、外発的動機付けにはエスカレート性があるからです。

CHAPTER 1 2

外発的動機付けのエスカレート性

エスカレート性があると常に外発的な刺激を与え続けない限り成り立たなくなるため、いつかは限界が来ます。同時にバーンアウトしやすい。たとえば、ジョン・フランソアというシルク・ドゥ・ソレイユのメンタルトレーニング・コーチから聞いた話を紹介しましょう。

ある大富豪のおじいさんが家の前に綺麗な芝の庭を持っていました。

毎日のようにそこに子どもが集まってきてサッカーをしていました。子どもたちがサッカーをする姿を初めは微笑ましく見ていたおじいさんですが、自分の庭の芝が傷むのが気になり始め、ここでサッカーをさせないためにどうするかを考え始めました。

そこでおじいさんは、「この芝生はとても貴重な芝なのでサッカーをしないで下さい」という立て看板を出しました。するとそれは逆効果になりました。

子どもたちの心境としては、「この先は近道だから通らないでください」と同じです。「とても貴重な芝だったらサッカーをしたい」と考える子どもがさらに増えてしまいました。そこでおじいさんは、次なる手を打ちました。今度は少し頭を捻って外発的動機付けによって子どもたちを操ることにしました。

何をしたかというと、サッカーをしている子どもたちに「見学させてね」と言いながら中に入って行き、彼らがサッカーをする姿を見て、サッカーが終わった後、子どもたちが帰り始めたところで「今日は見せてくれてありがとう」と声をかけて一人一人に1ドルずつご褒美としてのお小遣いを渡したのでした。次の日も同じように見学をして、サッカー終了後には昨日よりも多い2ドルを渡しました。その次の日も同じようにして3ドルを渡し、またその次の日も4ドル、5ドル、6ドルとどんどん額を増やして報酬をエスカレートさせていきました。

9日目は一人9ドルにまでお小遣いの額が上がりました。当然ながら、サッカーをするだけでお小遣いがもらえるという噂を聞きつけ、新たに参加する子どもは増えていきました。そんな中で迎えた10日目、おじいさんは練習が終わったところで全員に「今日も見せてくれてありがとう」と1ドルを渡したのです。

するとどうでしょう？　次の日から子どもたちはサッカーをしに来なくなりました。それどころか、サッカーを辞めてしまう子どもが出たそうです。

CHAPTER 1
3

指導者、親は気をつけたい外発的動機付けの報酬

この話は外発的動機付けのエスカレート性の功罪を端的に物語っています。お小遣いやご褒美というのが上がり続けているうちはいいのですが、報酬が下がった途端に「もうサ

ッカーはいいや！」と好きでやっていたはずのサッカーが面倒になってしまったり、辞めてしまうわけです。つまり、外的動機付けによってサッカーをすることの目的がズレてしまったということなのです。

よく「試合に勝ったら焼肉に連れていってあげる」、「大会に優勝したら新しいスパイクを勝ってあげる」とご褒美で釣ろうとする指導者や保護者がいますが、外発的動機付けの報酬というのはどんどん上げていかなければならないわけです。買い与えるものがスパイク、ジャージ、ユニホームと増えていったところで「次に勝ったらまたスパイク」と言った瞬間に「ええ、ご褒美が下がるのか…」となり、「なら試合をしたくない」、「サッカーを辞める」となってしまう危険性があるのです。

これがエスカレート性の怖いところです。どこかで限界が来てしまいます。このように中学生、高校生、それからプロの選手にも起こりやすいのが、報酬や順位などの評価、つまり外発的動機付けで自分のモチベーションを作っていることです。

報酬や順位がモチベーションになることは否定しません。

「勝ちたい」、「評価されたい」という気持ちはあっていいのですが、勝利も評価も他力の部分が多くなります。極端な話ですが、オリンピックにおけるメダルの色は金メダルよりも上の色がありません。

そうなった時に大切になってくるのは、自分自身の成長、進化、レベルアップを目的とする内発的動機付けです。外発的動機付けだけでモチベーションを作ってしまうと、いつしか完全にモチベーションが外発的要因に染まってしまいバーンアウトする可能性がありますす。これは避けた方がいいでしょう。

CHAPTER 1

4

やる気の勘違い

やる気というのは本来、「うまくなりたい」、「もっとやりたい」という内面の気持ちから作られています。それを伸ばせることができれば良いわけです。自分の中での「やれそうだ」、「できそうだ」というポジティブな見方が増えていくことがやる気の根源です。

左ページの迷路①を見て下さい。すぐに脱出ルートを見つけられますか？

目標設定

迷路①

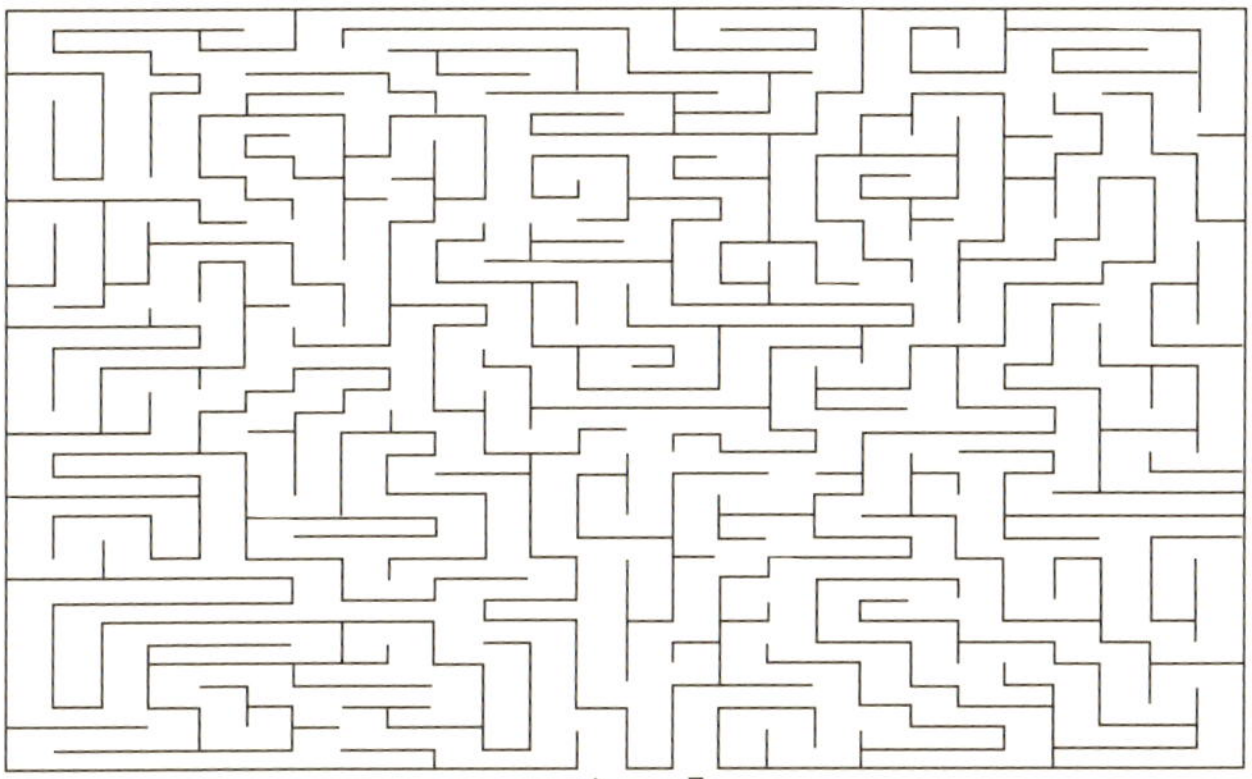

START ⬆　⬇ GOAL

迷路②

START ⬆　⬇ GOAL

では、迷路②はどうでしょう？

迷路にところどころ矢印を入れただけで「やれそうだ」、「できそうだ」感が湧いてくるはずですし、簡単に出口を見つけられるはずです。超一流のサッカー選手というのは、必ずはっきりとした目標を設定しています。

結局のところ、「やる気は周りや結果が操作するもの」と信じ込んでいるケースが多いだけなのです。指導者も保護者もこうした勘違いをしている人が多いのですが、この勘違いをなくすことがサッカーのメンタル強化には必要です。人間の理想的なやる気というのは、自分でしか作ることができないのです。

だから、「選手のやる気は指導者が高めるもの」、「選手のやる気は指導者が高めなくてはいけない」というのも勘違いです。一人一人のやる気というのは自分でしか理想的なものを作れません。なぜなら、やる気が上がったと感じ取れるのは自分だけだからです。どんなに優秀な指導者がいて、どんなに有名で実績のある監督であっても、選手のやる気が上がったという瞬間を感じ取ることはできないのです。

もちろん、選手の目の輝き、プレーの質でそういった瞬間を感じ取ることのできるセンスある指導者はいるかもしれませんが、選手自身が「あっ、今やる気が上がった」、「早くやりたい」という気持ちを感じた瞬間を常に共有できる他人はいないのです。これを本人が感じられるような工夫をしたり、本人がそれを導き出せるような声かけをしていったりすることが指導者の能力としても重要になってきています。

最終的に選手が自分でそれをできるようになっていくこと。育成年代の選手は、なかなかそういうことを上手くできませんから、やらされていたり、指導者の言葉で左右されたり、周りの選手や、保護者の一言や表情、環境で変わってしまいます。そうした環境を脱却していくようなメンタルトレーニングが大事になってきます。

つまり、モチベーションを自分で高めていく、修正していく。モチベーションを操っていこうという思考も大事になってきます。そのために大切なのが目標設定です。

CHAPTER 1
5
目標とモチベーション

目標設定は非常に大切で、メンタルトレーニングのベースとなるものです。目標がしっかりと定まっていなければ、どんなにメンタルを強く鍛えようと思っても上手くいきません。明確な目標があるからこそ、人はやる気が出て、強い気持ちで前へ進んでいくことができます。

では唐突ですが、一枚の紙とペンを用意して、そこにミッキーマウスの絵を描いてみて下さい。注意点としては、何かを見て描いてはいけません。あなたが頭の中で覚えているミッキーマウスを絵にすることがポイントです。

次に日本サッカー協会のマークを描いて下さい。詳しく書けない場合でも、八咫烏《やたがらす》がどちらを向いているかだけでも描いて下さい。

それぞれ描けましたか？

おそらく、みなさん描けなかったことでしょう。正解の絵は著作権の関係上、ここに掲載できませんのでご自身で調べて照らし合わせて下さい。

ミッキーマウスもＪＦＡのマークもそれを見れば、誰もが答えることができるはずです。しかしながら、それを自分の手で描こうとすると、まるでどうすればいいのかわからなかったはずです。これがイメージと現実のギャップです。

結局、皆さんの描く夢や目標にもイメージと現実のギャップがあるのです。そのギャップを埋める作業が目標設定なのです。

では、実際に目標設定をしてみましょう。

目標設定には「結果目標設定」と「プロセス目標設定」の2種類があります。

CHAPTER 1 6

結果目標

「こうなりたい」という目標を簡単に書くものです。まずは目標設定用紙に、これからの人生とサッカー選手としての「こうなりたい」という目標を簡単に書いていきます。

選手としての目標だけでなく、人生の目標も同時に考えることが重要です。なぜなら、その2つはつながっているからです。

CHAPTER 1 7

目標設定の書き方 ―8つのルール―

目標設定の書き方にはルールがあります。「結果目標」、「プロセス目標」ともに、次のルールで書いていきましょう。

①制限時間10分

結果目標設定用紙

わかりやすく簡潔に目標を書きましょう。

年　　月　　日

	人生の目標	スポーツでの目標
夢のような目標		
最低限度の目標		
15年後の目標 （　　　　歳）		
10年後の目標 （　　　　歳）		
7年後の目標 （　　　　歳）		
5年後の目標 （　　　　歳）		
3年後の目標 （　　　　歳）		
2年後の目標 （　　　　歳）		
1年後の目標 （　　　　歳）		
今年の目標		
半年の目標		
今月の目標		
今週の目標		
今の目標 （　　時　　分）		

②「人生の目標」の一番上にある「夢のような目標」から書き始め、下まで書き終えたら、「サッカーでの目標」を書く
③わからなくても、思い浮かばなくても飛ばさない
④同じ（〃）は禁止。それぞれきちんと書く
⑤できるだけ具体的に書く
⑥「〇〇しない」など打ち消しの言葉ではなく、「〇〇する」と書く
⑦「スペイン」、「5ゴール」などキーワードにマーカーで線を引く
⑧選手としての人生のピークに☆を付ける

結果目標設定を書き終えたら、プロセス目標設定にとりかかります。

CHAPTER 1
8

プロセス目標

結果目標を掘り下げて、より具体的に細かく書いていきます。

10年後、5年後、4年後、3年後…の自分の姿を細部まで想像し、イメージしながら書きましょう。

夢のような目標を達成するために、10年後はどうなっている？
5年後は？
1年後は？
今年は？
半年後は？
今月は？
今週は？
今日は何をする？

と考えていきます。書き進めていくうちに、勘のいいあなたは気づくと思います。そう、夢の様な目標、10年後の目標と現在の自分はつながっているのです。

プロセス目標設定用紙

結果目標用紙を見ながら、数字などを細かく、
具体的に書いていきましょう。　　　　　年　　月　　日

	人生の目標	スポーツでの目標
夢のような目標		
最低限度の目標		
15年後の目標 （　　　歳）		
10年後の目標 （　　　歳）		
7年後の目標 （　　　歳）		
5年後の目標 （　　　歳）		
3年後の目標 （　　　歳）		
2年後の目標 （　　　歳）		
1年後の目標 （　　　歳）		
今年の目標		
半年の目標		
今月の目標		
今週の目標		
今の目標 （　時　分）		

CHAPTER 1
9

目標設定を日常生活で活かす方法

自分の立てた目標を達成するためには、日々の生活や練習・試合に取り組むにあたって目標を意識することが大切です。

目標を書いた目標設定用紙は、いつも目の入るところに貼っておきましょう。勉強机の前でもいいですし、日記やノートに貼り付けておくのもいいでしょう。すぐに見えるところに置くことで、日々の生活から目標を意識するようになるでしょう。

目標を意識すると、頭の中にある〝センサー〟の感度が良くなります。目標を達成するために、見たのも、聞いたものをどうやって活かすかを考えるようになってきます。

そこで「こうすれば、こうなるんじゃないか？」と行動に仮説を立てて、実際にやってみます。このやり方を繰り返すことで、少しずつ目標達成に近づいていきます。

CHAPTER 1
10

仮説を立てて行動してみよう

日常生活や練習・試合において、自分なりに仮説を立てて行動してみましょう。たとえば、チームでコーチや先輩に自分から挨拶をすることは、視野を広げることにつながるかもしれない、と仮説を立てます。

その通りに行動してみると、「もっと周りを見よう」、「挨拶のタイミングは大事だな」など、新しい気づきが多くあると思います。それを次からの行動に活かしていきましょう。

CHAPTER 1
11

アチーブメント・ゴール・セオリー（達成目標理論）

目標に対する考え方、捉え方でその人のやる気、行動、感情、やる気が変わってしまうという理論が「アチーブメント・ゴール・セオリー（達成目標理論）」です。つまり、目標の受け止め方がパフォーマンスや成長に影響を与えるのです。

両者の行動・思考パターンの違い①

課題目標 Task goal 志向	自我目標 Ego goal 志向
□能力を伸ばす行動 □自己決定・選択を考える □努力・工夫を重視 □プラン・プロセスを考えて行動する □自己決定・選択を考える □新しい知識・技術の習得を目指す □自分の能力の進歩・拡散を目指す	□成績を考えて行動する □評価・比較を気にする □能力内で無難な行動、ミスしないようなことだけやる。 □比較での高い評価、高い順位のみを目指す。 □高評価をめざし、定評価を避ける

両者の行動・思考パターンの違い②

課題目標 Task goal 志向	自我目標 Ego goal 志向
□能力の高低に関わらず、ミス・失敗しても挑戦していく □失敗の情報を気づき・学び・挑戦に変える □失敗を、成功の情報源と捉える □指導者・保護者を、良き導き手、アドバイザーとして捉える	□ミス・失敗すると挑戦を避け、無力感に陥りやすい（だめだ…無理だ…） □失敗を、低い能力の証拠として捉える □失敗を低評価の情報とし、不安をつくり出す □指導者・保護者を、評価者・判定者と捉え、警戒する

この理論は、課題目標と自我目標という2種類からなります。

課題目標は、英語で言うと「タスク・ゴール（Task goal）」と言い、学習目標、プラン、細かい内容などのことを指します。一方で自我目標は、「エゴ・ゴール（Ego goal）」と言って成績目標、結果、比較などを指します。

両者の行動・思考パターンの違いは前ページの図のようになります。

自我目標、自我目標思考性が強い人というのは成績を考えた行動をします。これも行動が変わります。さらに言うと、課題目標思考性が強い人が目指すものは自分の新しい技術の習得や自分自身です。

つまり、進化、グレードアップを目指すわけです。自我目標思考性が強い人は結果、評価、比較を重視して、目指すべきものが好成績と高評価になります。こうなると、情報の集め方、対応の仕方が変わってくるわけです。

つまり失敗やミスというものに対する考え方、対処の仕方が、課題目標思考性の強い人は失敗、ミスに対する対処としては「すぐに切り替えて次の準備」、「一つ発見できた」、つまり「成功の情報源を得られた」というプラスの捉え方になります。

しかし、自我目標思考性が強い人は「ミス、失敗＝低評価」の情報源となります。評価が下がる情報と考えるわけです。自分自身の成績が下がる情報源となりますので、それを隠そうとしたり、不安を見出してしまう。これにより次のプレーの質も変わってくる。

当然ながら、その影響はプレーにも出てきます。ミスを恐れたプレー、失敗を恐れたプレーによって、ますます視野が狭くなる。味方しか見ることができなくなってしまいます。サッカーは相手あってのスポーツのはずですが、重要な相手が見えなくなってしまうのです。

そうした状況で起きてくるミスとしては、相手の残像にパスを出したり、できることだけを一生懸命、惰性的にやろうとして無理やりドリブルでゴリゴリやってボールを失う。難しいシュートを無理に打って外してしまう。味方に出そうと思って出したものの、手前に相手がいて真正面でカットされてしまう。

しかし、課題目標思考性が強い人はミスをチャレンジに変えますから、ミスする度に次のプレーを模索したり、ミスも次の駆け引きに利用します。つまり、目標というものを考えた時に、結果目標が大切ですが、そのためのプラン・プロセスというのが大事になるわけです。

プラン・プロセスからどんな気づきがあって、近い将来どういう役に立つのかということが大事なのです。つまり、結果を出すためだけでなくて、そのための中身、工夫、内容、小さなプラン、これが大事になってくるということです。

さらにいうと、オリンピックのような舞台で勝っていく選手と勝てない選手、競技レベルが伸びない選手の目標設定の質です。これを見た時に、三流選手は行き当たりばったりでプランがありません。

一流選手と二流選手はプランがあります。しかし、二流選手は誰かが立てたプランをただこなしているだけ。極めて自我目標思考性が強いので、できたかできなかったのかという価値判断しかありません。プレッシャーを自分にかけてしまったり、不安を強く持つようになります。

それが一流選手になってくると、「さらに良くするためにはどうしたらいいのか？」という課題目標思考性に変わっていきます。つまり、プランを自分で立てていくわけです。時に「矢印が多すぎるから削ろう」、「ここは少ないから増やそう」というように計算を始めます。その情報を集める感度が上がっていくわけです。したがってモチベーション、やる気というのが継続していきます。

一流のサッカー選手は、サッカーを誰かにやらされていないのです。自分のペースでやっている。サッカーの場合、指導者やチームの方針がありますが、自分の成長を作れるかどうか、見いだせるかどうかというのが一番大事になってきます。

指導者が要求することは基本的には最低限のことですから、それプラスで自分が何をどう見つけていくのかというのが大事になってきます。

CHAPTER 1
12

目標設定の注意点

目標設定の注意点をリストアップしておきます。

・プロセスを大切にする
・プロセスの重視
・第一歩は110％
・日付、単位、タイムなどの数字を入れる
・日誌、サッカーノートなどとリンクさせ、自己評価していく

ミスに対する考え方も重要です。「ミス＝気づき、発見」であり、「いけそうだ、できそうだ」という結果期待感を持つ。「良い結果になりそうだ」というイメージ、見立てです。自分自身で結果期待感を上げていく。ただし、これは指導者でも上げられます。「君ならできるぞ、いけるぞ」と声をかけるのです。

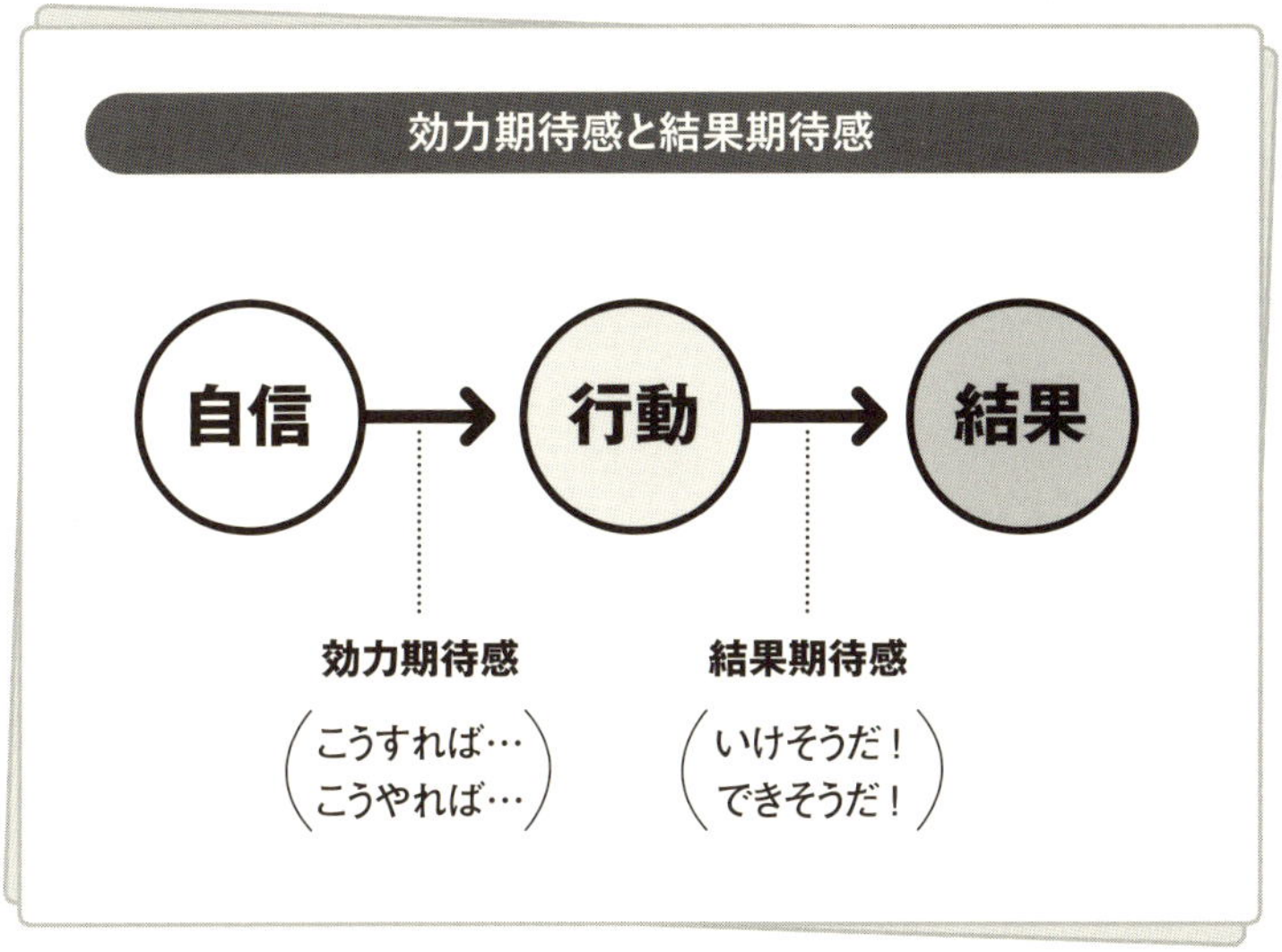

さらに、具体的な自分の長所や得意なプレーとか練習で培ったもので、プランを立てていく、これを「効力期待感」と言います。自分が「このチームにとってこう役に立つ」とか「こうやって点が取れそうだ」という具体的なプランです。

「こうすれば」、「こうやれば」という工夫を増やしていく、フォーカスしていくこと。それから「今すべきこと」に意識を向ける。この作業は自信の構築にもつながります。要するに、三日坊主になったり、初めから諦める選手の典型的なパターンは、第一歩目の目標が最適なところに設定できていないはずです。

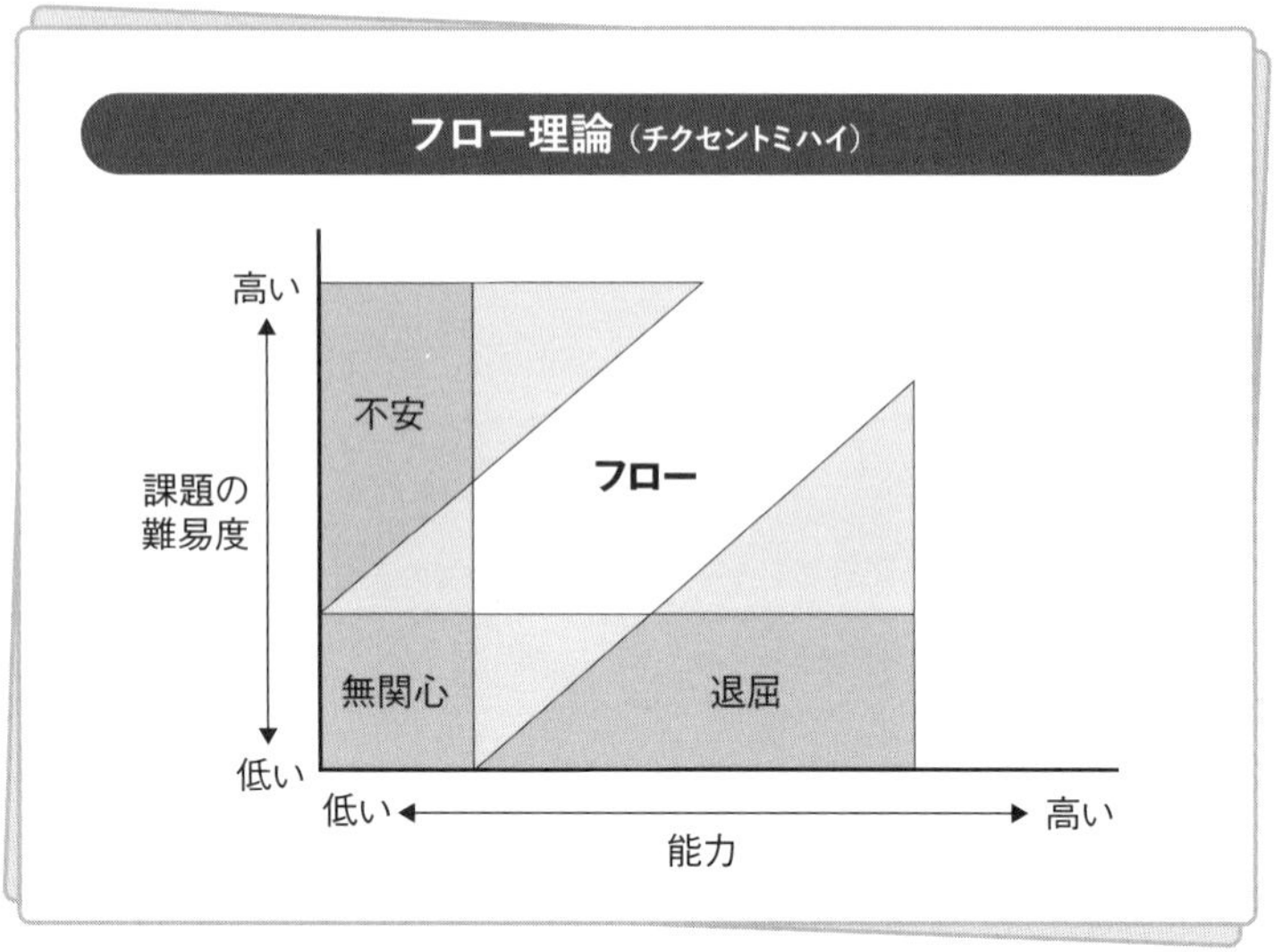
フロー理論（チクセントミハイ）
高い
不安
フロー
課題の難易度
無関心
退屈
低い
低い
高い
能力

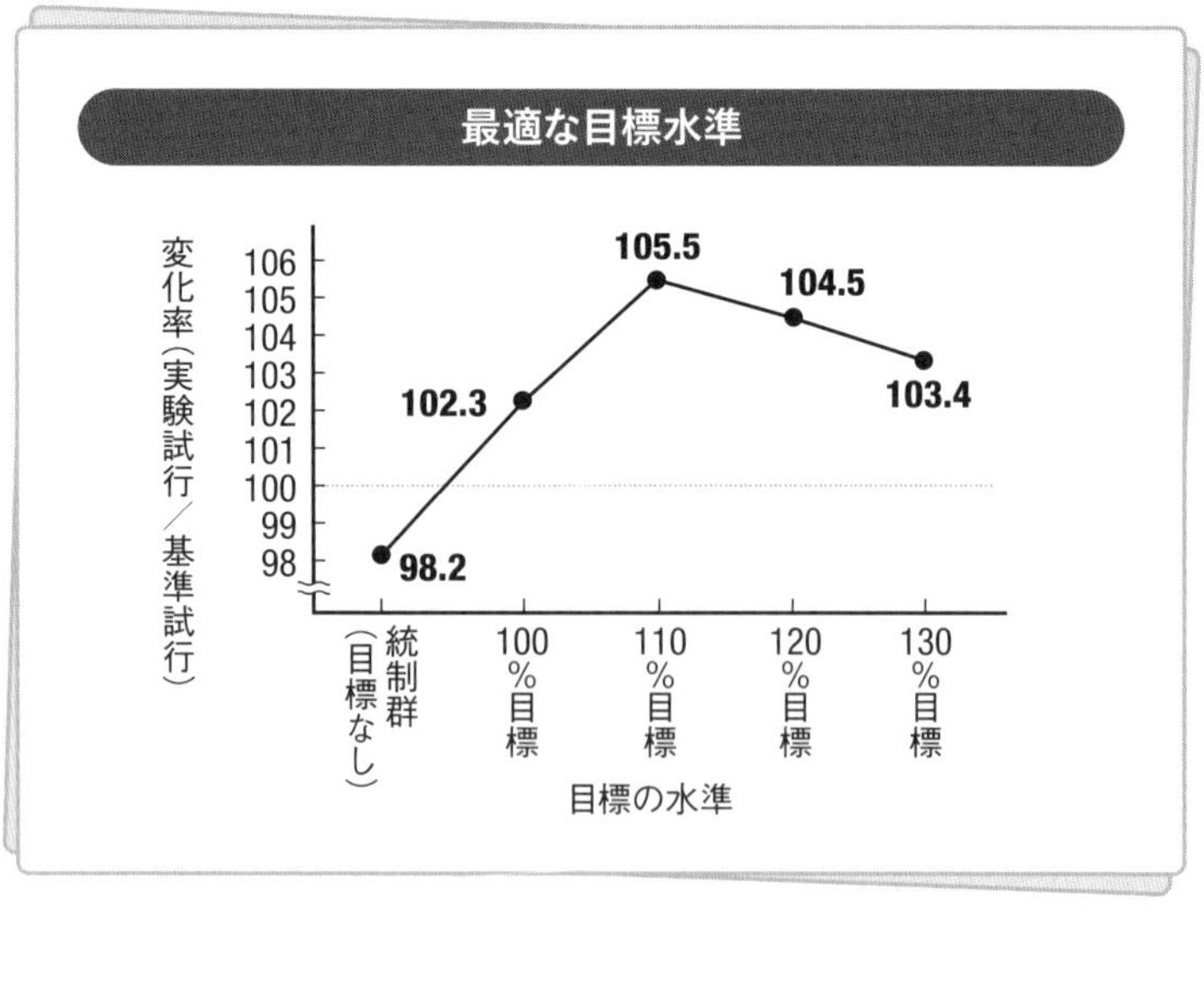
最適な目標水準
変化率（実験試行／基準試行）
106
105
104
103
102
101
100
99
98
105.5
104.5
102.3
103.4
98.2
統制群（目標なし）
100%目標
110%目標
120%目標
130%目標
目標の水準

第一歩の階段が大きすぎて無理だから諦めるのです。あるいは反対に、第一歩目が低すぎるから簡単に達成して、「できた。もういいや」となる。

第一歩目は110％くらいがちょうどいいということが研究結果として出ています。「限界＋10％」の目標を持った時に一番成果が上がる、かつ内発的なチャレンジを起こしやすいという実験結果がすでにあります。

少し頑張れば手が届きそうだという高さに第一歩目を設定すると、実は150％より、140％の一歩をこなしたときよりも成果が大きくなるということがわかっています。

リフティングを例えにしましょう。今100回しかリフティングができない選手は、次の目標を大体150回にすると思いますが、110回でいいのです。50回しかできない子は、次60回、70回ではなく、55回でいい。

CHAPTER 1
13

指導者に求められること

「どんなことに気づいたか？」、「どんな見立てを立てたのか？」という質問をどんどんしていきましょう。選手が持っていたイメージ、どんなチャレンジをしたのか、どんな欠点、見立てを立てていたのか、それについての質問をしていくことが大切です。練習、試合においてはあまり局面的な結果をその場で評価しないということも大事です。

その結果、次にどうするのか、次のイメージをどうするか。つまり、人間が一番やる気がなくなる瞬間、内在化が止まる瞬間というのは「よし、こうやってみよう」とプランを立てて、行動を起こした直後に「それはダメだ。こうしろ」と言われた瞬間です。

「さあ、勉強しようかな」と思って立ち上がった瞬間に「いつまでぐずぐずしているの！早く勉強しなさい」と親に言われるとやる気が一気になくなりますよね。

そこで「今やろうと思ったのに…」と感じて「もういいや、やらない」といって反発してネガティブな方向にエネルギーを使うのか、「仕方ない。5分後に仕切り直そう」と5分後に自己決定するのか。

5分後に「数学からやって、まずは1時間やろう」と自己決定できるのか。このように自分でプランを立て直す方向にイメージを使えると伸びていきます。要するに、そういった見立てを分けて工夫を促す声かけと、特に行動を起こした直後に「今どんな工夫をしていたの?」、「どんなイメージがあった?」と質問することが一番いいのです。

そこでプラン・プロセス、その選手の持っていたイメージをまず肯定すること。「寛容に受け止める」、「受け止めています」、「見てました」というのを選手に伝えたほうがいいですね。

そして〝今〟は評価しない。アクションを起こしてどのようなイメージを持っていくのかが大切で、これが1週間後どう評価されるのかというのはまた別の話です。それは試合の中で出てくることです。目標設定というものは、そもそも自分自身の内発的動機付けを高めるトレーニングなのです。

CHAPTER 1
14

目標設定用紙との上手な付き合い方

できれば週1回のペースで更新してもらいたいと考えています。この用紙の延長線上のものとして、サッカー日誌もやるとより効果があるでしょう。

更新する上では、短期目標が大切になります。習慣化するまでは、面倒臭いと感じるかもしれませんが、ブログや日誌と関連付けて取り組んだり、指導者とのやり取りの中で継続できるようにしていきます。

私が入る場合は、週の目標や練習に入る時の課題、イメージ、目標、その日の目標に関して必ず質問するようにします。

「今日の課題は？」、「今日の目標は？」と質問されて、どのようなアクション・行動・見立てを立てるのか。それが明確でなければ、今すべきことがわかりません。そうなると練習をやらされることになるし、練習をこなすようになります。

それが当たり前になると伸びていきません。予測力、判断力、決断力がなくなると考えなくなるから見立てを立てる力、今すべきこと、やるべきことに対して長期的な積み上げのイメージが湧きません。

やらされていることにより忍耐力も持続しにくくなります。大切なのは、自己実現意欲です。夢に向かっていくための行動もわかりやすい言葉で言うと「いい加減」になって、ムラが出てきます。サボる選手というのは基本的に評価を気にしています。

だから手を抜いても良いと思っている。つまり、自分の内発的動機付けが低い。ただし、やる気がないわけではない。外発的なやる気はあります。評価されることに対する強い気持ち、「評価されたい」、あるいは「怒られたくない」といった気持ちはあります。

それが自分の成長や勝利に向けては違うやる気だと気づかなければいけません。やる気は本人の考え方次第で変わってしまいます。

監督やコーチがグラウンドにいない時に力を抜くような選手が典型です。それは本番で結果を出せば良いと思っている。自分の成長より結果だけを考えている。より良くなっていこうという工夫がありません。

CHAPTER 1 15

指導者にとっての「モチベーター」、「ディモチベーター」の分かれ道

「モチベーター」、「ディモチベーター」という言葉があるように、指導者にもモチベーターとして選手のやる気を引き出せる人と、ディモチベーターとして選手のやる気を削ぐ人に分かれます。

モチベーターというのはリーダーです。そうした指導者は、選手に「目標達成は可能」という気持ちにさせられる人です。反対にディモチベーターは「目標達成は不可能だ」というメッセージを無意識に送ってしまう人です。

「どうせお前なんか…」といった言葉が口癖の指導者はいませんか？

指導者であれば、誰もがモチベーターとして選手たちが自由な発想やアイディアを表現することができる環境をサポートしたいと考えているはずです。選手のトライ&エラーを寛容に受け止めることができ、それに対して選手に適切なフィードバックができる。モチベーターとなるためには、メンタル面のフィードバックも行える必要があります。

CHAPTER 1

16

継続的モチベーションを持つために必要な自分の型

私は自身がサッカーをやってきた経験と、メンタルトレーニング・コーチとしてこれまで育成年代の選手たちを数多く見てきた経験が強みだと考えています。ただ、悲しい結末として好きで始めたサッカーがだんだん嫌いになって辞めていく子どもたちも少なからず見てきています。

私は東海大学第一中学校サッカー部時代に全国優勝を経験し、東海大学一高では主将として日本代表としても活躍した元・浦和レッズの鈴木啓太氏ともプレーさせてもらいました。2015年シーズンを持って現役を引退した鈴木氏ですが、彼は純粋に「もっとうまくなりたい」、「もっと強くなりたい」、「もっと速くなりたい」という気持ちが人一倍強い、つまり内発的動機付けの強い選手でした。

だから、監督が見ている、見ていないに関係なく、とにかく練習を一生懸命やっていました。手を抜くなんてあり得ないですし、高い意識を持って自らをレベルアップさせることのできるサッカー選手でした。

また、世界の超一流選手であるリオネル・メッシ選手（FCバルセロナ）、クリスティアーノ・ロナウド選手（レアル・マドリード）も自分をしっかりと持っているという印象を受けています。自分のやり方とペースを知っていると言い換えることもできて、自分の型がある選手はモチベーションに継続性があります。だから、どれだけチームとして、個人としてタイトルを獲ってもそれに満足せず、自分を高め続けることができます。

九州大学名誉教授の橋本公雄先生（現・熊本学園大学教授）は「快適自己ペース」という理論を提唱されています。今日本ではランニングがブームというより文化として定着していますが、皇居の周りを走るランナーがいますよね。あれは誰に言われるわけでもなく、毎日、あるいは定期的に走るわけです。ランナーの皆さんは、それを続けている。なぜ続けられるのか？　なぜそれが好きなのか？　ということを橋本先生が調べた時に、走っていて楽しい、面白い、走らないと何か気持ちが悪いと感じる人は、要するに自分の走るフォームと自分のペースを持っていたのです。

一方で、続かない人もいます。サボりがちでもやっている人と続かない人との違いは、自分のペースやフォームがあるかないかというものです。それが快適自己ペースです。ある意味で、メッシ選手もクリスティアーノ・ロナウド選手も一つ自分のフォーム、ペースという型をすでに持っています。それをチームや指導者に容認されているということも関係しているかもしれません。

Soccer mental strengthening method

CHAPTER
2

イメージトレーニング

CHAPTER 2
1

実力発揮とイメージトレーニング

イメージトレーニングには目的が2つあります。一つが実力発揮のためで、もう一つが新たな技術、戦術の習得のため。

まずは実力を発揮するためのイメージトレーニングについて話を進めましょう。

MRIが開発されてきたことで、脳の様々な働きが測定できるようになりました。横になってイメージトレーニングをしている時に、脳のどこが働いているかというと、実はものを見る場所が働いていることがわかりました。目を閉じて横になっているつもりでも、頭は実のところものを見ているわけです。

怖い夢を見ていて「あっ、つかまる！」と思った瞬間にハッと目が覚めて「夢だったのか……」とホッとすることがあります。なぜホッとするかというと、夢というイメージが本当に起きたと思ったからです。リアルなその世界にいたわけです。そして、夢だとわかってホッとしたのです。

他にも悲しい夢を見ていて、目が覚めて夢だとわかったにもかかわらず、涙が出ていることもあります。体がイメージに応じて動くこともあるのです。

イメージしただけで体は反応します。心も反応するのです。

本番1週間前から毎日、試合当日を想定しながら一連の流れや成功イメージを作るようにしておくと、本番は頭の中では「8回目のプレー」になるのです。イメージの中でリハーサルをいっぱい積んでおく。実力を発揮するためにイメージトレーニングというのは非常に重要です。

CHAPTER 2 2

対応策の蓄え（ソリューションバンク）

イメージトレーニングの中で大切なのは、「ソリューションバンク」という対応策の蓄えを作っていくことです。起きそうな出来事、こんなことがあるかもしれない、といったことをピックアップしておき、それに対する対応策を考えておいてイメージの中でシミュレーションしておくのです。

それをチーム全体で行なっておくと、より効果的です。私が関わった中学生のチームで「雷の中断」というソリューションバンクを作っていたケースがありました。実際、本当に雷の中断が県大会の準々決勝で起こりました。

中断の時間が10分、20分ならまだわかるのですが、その試合では40分も中断しました。その時間で両チームが何をしたかというと、相手チームは40分間監督が立って話をするのを選手が体育座りでずっと聞いていました。

一方で、ソリューションバンクを作っておいた私のチームの選手たちは、室内練習場に移ってしばらく大の字になって寝ていました。監督からの声がかかったところで一気に体と心を上げていくわけです。「雷の中断」というソリューションバンクにおいて、「まずは寝る姿勢でリラックスをし、声がかかったら全員で気持ちを上げていく」という対応策を事前に作っていたのです。

試合再開後は得点が生まれ、準決勝へと駒を進めることができました。対応策を作り、イメージトレーニングをし、それをチームとして共有すること、それが功を奏した実例です。

他にもたとえば、主力選手が退場する状況、監督が退席、早い時間帯の失点などのソリューションバンクも作っておくといいでしょう。

イメージですので全て想定内というわけにはいかないですが、ソリューションバンクを作っておけばある程度のことは想定内となり、「失点も想定内」だと思えるようになります。

次の3章で取り上げる「セルフコントロール」にもつながるのですが、サッカーにおいてもっともいい得点というのは、相手が「しまった！」と思うような時間帯、形で上げた得点です。

「やばい」、「してやられた」という気持ちにさせるようなゴール。逆に考えると、自分たちは失点してもそうならないよう、ある程度の準備を心の中でイメージとして持っておくことが大切です。

そうすれば本番で準備していた以上のことが起きたり、予想もつかないことが起きた時に「こういうことも起きる。一つ学べたぞ」という課題目標思考性を構築していくことができるのです。

何も準備しない場合、必要以上に悔しがったり、感情を乱されたり、「マジかよ！」、「もう無理だ」、「ダメだ」と諦めてしまうケースが出てきます。

CHAPTER 2 3

メンタルコーチの重要性を痛感した2014年W杯でのブラジル代表

2014年のW杯ブラジル大会の準決勝でドイツに1－7という歴史的大敗を喫したブラジル代表からは、メンタルコーチの存在があまり感じられませんでした。というのも、チームとしてネイマールがいなくなった時のソリューションバンクは絶対に持っておくべきだったからです。

システム、戦術においてネイマール不在時の準備ができていないように感じました。ドイツが襲い掛かるようにやってくることは想定内であり、試合開始から激しく来るであろうとプランを持っておくべきでした。6点差をひっくり返すくらいの力がブラジルにないのかというと、私はあると思います。では、どこで負けているかというと心技体でいう心理面の差があったと考えられます。

技と体は1日にしてなくなることはないですが、心理面だけはたった1試合でも大きく崩れます。改めてサッカーにおける心の重要性を感じました。ブラジル大会で惨敗した日本代表も同じです。初戦のコートジボワール戦でFWディディエ・ドログバが交代出場してくることをソリューションバンクとして持っておかなくてはいけませんでした。

選手交代によって、ドログバだけでなく周りの選手も闘争心が上がって勢いよく来る、運動量も上がってくる、球際も強くなる、アプローチも上がる、プレーのリズムも全て上がるということをわかった上で、チームとして心理面の準備をしておくべきでした。

10年ほど前、「銀河系軍団」といわれたレアル・マドリードが圧倒的強さを誇っていた時代、そのチームにはホセ・マリア・ブセタ（José María Buceta）というメンタルコーチがいました。彼はソリューションバンクを作るために、試合前に選手間でパネルディスカッションをさせていました。

サッカーチームのメンタルトレーニング導入例は他にもあります。ポルトガルの強豪ベンフィカには、ペドロ・アルミディア博士という方がチームに入っていました。2000年からは当時のイングランド代表スベン・ゴラン・エリクソン監督がノルウェー人のウイリー・ライロ教授に入ってもらい、イングランド代表にメンタルトレーニングを導入していました。おそらく、こうした導入例は海外サッカーの方が進んでいます。

CHAPTER 2 4 サッカーで「2点リードは危険なスコア」と言われる理由

サッカーにおいて、2点リードは危ないスコアです。2点リードしている時は、1点取れば逆転もまだ可能な1点差に詰まりますし、2点差では相手の心はまだ折れていません。一方、2点をリードしているチームには油断が生まれます。

これは集中力を扱う3章で詳しく解説しようと思いますが、人間の集中力には大きく分けると『トップダウン性注意』と『ボトムアップ性注意』というものに分かれます。

では、この指を見てください。

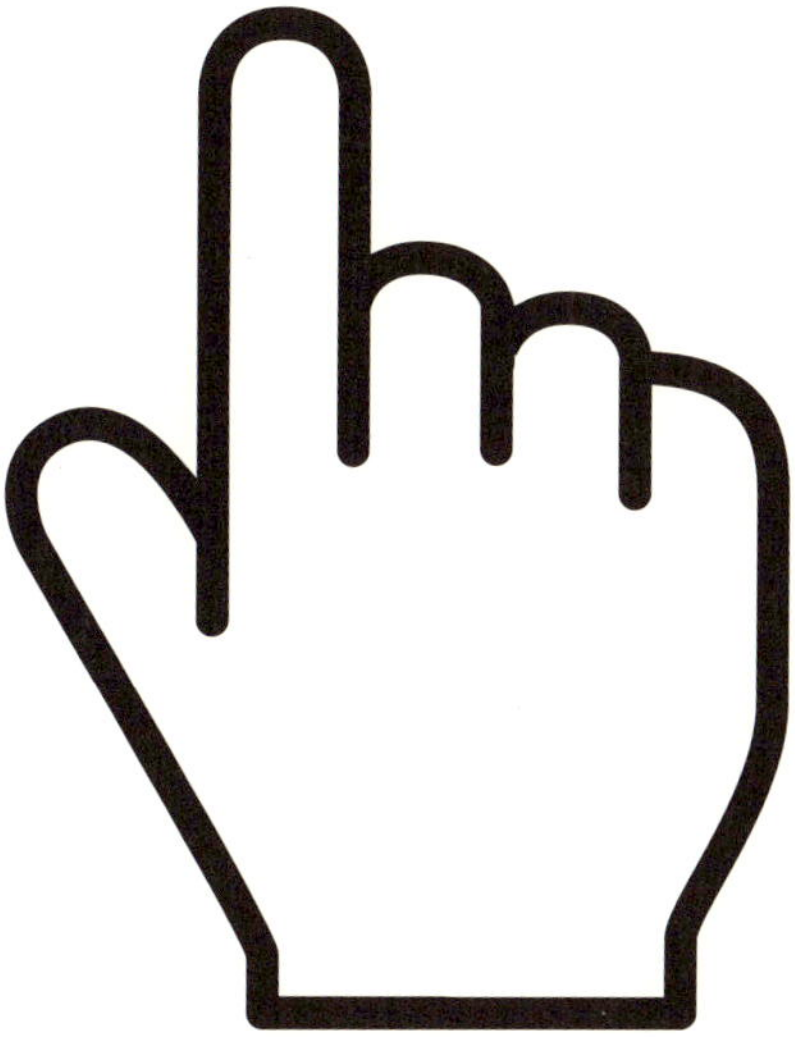

これがトップダウン性注意です。

さて、あなたは今自分のお財布をどこにしまってあるかわかりますか？

こう質問した時に頭の中で「財布はどこだったかな？」と探します。この探している時間というのは、ボトムアップ性注意です。つまり、自分で高めた注意力だからです。

トップダウン性とは「見なさい」と言われて〝集中させられている〟状態の注意です。ボトムアップ性注意は「ここにボールが来るかもしれない」、「こうなる可能性があるぞ」と自らで高めている集中力のことです。これによってパフォーマンスが変わります。

たとえば、2－0でリードしている展開では、リードしているチームは無意識にトップダウン性注意に変わってしまいます。なぜなら、若干の油断があるので、「相手は次、どう来るのかな」と受け身になります。受け身はトップダウン性注意です。

逆に、2点ビハインドのチームは、「よし、こうやって攻めていこう」と自分たちで判断して注意力を高めていますからボトムアップ性注意が働いています。

したがって、どんどん自分たちのペースになってきます。それに気づかずに、リードしているチームが受け身のトップダウン性注意のまま試合をしていると、相手に押し込まれてピンチが続く展開となり、実際にズルズルと失点してしまい、時に大逆転されてしまいます。結局のところ、受け身ですからトップダウン性注意は持続力がないのです。

そもそも人間は、「これを見ろ」、「これをやれ」と言われると嫌になる生き物です。でも、自分で考えて主体的にやっていることはずっと続きます。本を読みたいと思って本を読むとどんどんページが進みますが、「読みなさい」と指示されてする読書は長続きしません。

そこが大きな差で、2点リードしているチームが守備をする時に、自分たちの守り方やボールを奪う位置を、意図して目的を持って守備ができれば、それはボトムアップ性注意になるので、そう簡単には失点しません。

サッカーでは、ボールを持っている方が有利です。ボールを持っている方がトップダウン性注意を引きつけることができるのでゲームを操りやすいのです。でも、操られないようにプラン、プロセスを持った守り方、ボトムアップ性注意を働かせることのできるチームは「2点リードが危ない」チームにはなりません。

このような守備が無意識に上手い選手はやはり海外に多い印象です。スペイン代表もこのような守備が上手いと思います。「とにかく自分たちのきっかけで守る」というのがあると思います。

加えて、彼らはショートパス、ミドルゾーンでボールの支配率を上げることができます。ボールの支配率を上げている時間、相手はずっとトップダウン性注意を働かせられている状態です。それはストレスとなりやすく、相手にとって非常に嫌な状況です。

サッカーにおいて心理的にストレスがかかる状態というのは、ずっと相手ボールにされている状態のことです。失点のショックというのは一瞬ですが、ずっと自由にボールを支配されているというのは実は一番嫌な状態です。

人間というのは、大きなストレスが短期間でドンとかかることよりも、小さなストレスがずっと続いていることに関して、敏感で脆い生き物です。だから、マイボールの時間を長くする、ボール支配率を上げるということはすごく大事なことなのです。

逆に、適当に五分のボールを蹴っていくような大味なサッカーはやろうと思えば簡単にできますし、時に結果も出ますが、心理学的に見て効果的な戦術ではありません。

CHAPTER 2
5

新たな技術、戦術を身につけるためのイメージトレーニング

イメージトレーニングの2つ目の目的として、新しい技術や戦術の習得があります。まずは、頭の中のイメージ作りから入ります。そのためにもサッカーにおいてはやはり、いいプレーを見ることが何より大切です。頭の中でスローモーション、再生、巻き戻し、一時停止、コマ送りが全てできるくらいまで見ていくことが大切です。

イメージを作った後は、それをスローモーションにしてイメージを浸透させていきます。つまり、目で追えるスピードでやってみるという段階になります。

イメージトレーニング全般に言えることですが、リラックスした状態でやらなければいけません。イメージトレーニングというのは右脳を使いますが、リラックス状態を作るこ

とで、右脳を優位に使える状態を作ることができます。

また、イメージトレーニングには内的イメージと外的イメージというのがあります。内的イメージというのは自分目線でのイメージの作り方で、外的イメージというのは自分を上から見下ろしているような、観客席から見ているような俯瞰のイメージです。

トップアスリート、一流選手はこの両方ができます。いいサッカー選手になりたいのであれば必ず両方できるように訓練しましょう。

人間は見たことがあるものしかイメージできません。自分の後ろ姿を見たことがなければ、イメージできないわけです。

イメージできないことは体を動かして行動することができません。スローインの動きやキックモーションをイメージした後にすぐ体を動かすことはできると思いますが、たとえば「スリランカの民族ダンス」、「オーストラリアンフットボールのタックル」は一般的にイメージできないので体を動かすことができません。なぜなら、それらを見たことがないからです。

外的イメージはやはり映像を見て行なうことが大事です。その意味で、自分が出ている試合の映像を撮ってもらうことは効果的ですし、撮る角度によって全くイメージが変わります。前から見ているのと、横から見ているのと、上から見ているのとでは、イメージの作り方が全く違います。できれば、いろいろな角度からの情報を集めるのがいいでしょう。

誰かがやっているプレーを後ろから見ている時というのは、実は内的イメージを作りやすいのです。たとえば、スキーはインストラクターの後ろを蛇のようについていきます。中でもインストラクターのすぐ後ろの子はインストラクターの後ろ姿を常に見てスキーをするので必ず上達します。だから、インストラクターは列の順序を変えるのです。

後ろから見るとイメージを作りやすく、サッカーにおいてもコーンドリブルやトラップの仕方などはコーチのデモンストレーションを後ろから見てイメージを作った方がいいのです。

膝下や腕の振り方など背後からでは見えにくい部分もあり、選手の前でデモンストレーションすることも大切だとは思いますが、ドリブル、キック、トラップなどは後ろから見せると効果的です。

サッカーでは上から俯瞰図でモーメント的な円運動の動きを見せた方がわかりやすいものもあります。上から見た時のイメージもあると選手の習得スピードは速まります。たとえば、キックしている時の腰のひねりは円運動ですから、上から見るのがもっともわかりやすいのです。

CHAPTER 2 6

2種類の真似学習

イメージトレーニングは、別名「真似学習」とも言います。真似をすることはイメトレの一つです。ただし、真似学習にも2種類あって、一つが模倣学習というもの、もう一つがモデリングです。

模倣学習といっても、ただ単に真似するだけなので九官鳥でもできます。「コンニチハ」、「オハヨウ」と真似するのがそうですね。

一方、モデリングというのは対象とするモデルとなる人の思考や持っていたイメージまで探っていくことです。ですから、真似学習においてはモデリングの方が大事になります。これまでの日本では模倣しか行わせてきませんでした。「コーチの言った通りにやりなさい」というものが多かったのではないでしょうか。

しかし、サッカーは対人競技です。メッシ選手の真似が得意で、100%彼の動きをマスターしたとしても、相手は同じように取りに来ないし、同じ局面になることはありません。

そこで大切なことは、「なぜメッシはその場面でこのようにボールを触ったのか?」、「なぜ左足で一回触ったのか?」、「なぜここでスピードを下げたのか?」という狙いまで探ることです。これがモデリングと模倣の違いになります。

日本人は模倣が得意なのですが、イメージと現実のギャップが大きすぎる傾向にあります。模倣は「できたか、できないか」の判断止まりです。でも、モデリングというのは「できるようになってきた」という細分化されたプロセスも大事にするので、完璧にする必要はありません。完璧にしようとする模倣と、探りつつ自分自身の中で積み上げて上手くなっていくモデリング。この違いを知っておきましょう。「よしできた、試そう」というのと「できるようになってきた。こういう感じかな。よし、試合でやってみよう」というのでは全然違うのです。

CHAPTER 2
7

五感を使うことの重要性

技術の見本を見せる時の指導で大事なことは、選手がイメージする時に五感を使わせることです。トップアスリートは、イメージする時に雰囲気、音、感触、感覚的な部分、筋運動感覚、リズムといった五感をフル活用しているということがすでに研究結果として出ています。

イメージトレーニングは単に横になって寝たような状態だけでやるものではなく、会場の音や風景、景色、匂いまでもイメージできるような状態でやると効果が高まります。

私は、午前11時前くらいのセッションでイメージトレーニングの話をする時には、大好きな食べ物の話をします。焼肉、お寿司、ラーメンといった自分の好きな食べ物をイメージしてもらって、「では、その大好きな食べ物はどんな匂いがしますか？　どんな音がしていますか？　食感は？」と質問すると、みなさんのおなかがグーッと鳴ります。つまり、体が反応するのです。

イメージするだけで体は反応します。ヨダレも出てきます。

こうしたことを、サッカーの練習においても活かさなければいけません。ただ単に体を動かすのではなく、イメージを使うことが大事です。イメージトレーニングの研究で盛んに行われるのはフリースローやダーツです。イメージだけをしたグループと、体だけを動かすグループ、イメトレと体を動かす両方をしたグループで成功率を探る研究がありました。もっとも成功率が高いのは、やはりイメトレと実際に投げる練習を両方やったグループでした。それは断トツの数字でした。しかし、面白いことに体だけを動かしたグループとイメージトレーニングだけをしたグループではあまり差が出なかったのです。

ということは、ただ単に体を動かすだけでは全然ダメだということです。「イメトレなんかしても意味がない」という人がいるかもしれませんが、研究結果としてははっきりとイメージだけのグループは体を動かすだけのグループと変わらないと出てしまっています。ただし、体を動かさない分、筋肉には刺激がありません。成功率を上げるとなった場合はイメージだけでもいいのですが、ここで言いたいのはイメージトレーニングと体を動かす練習とを両方やることが大切だ、ということです。

特に、ゆっくり体を動かすことは大切です。ＰＫを蹴る前にプロ選手でも「ゴールが小さく見えた」と言う人がいるのですが、それは自分の思い込みです。イメージです。「上手くいかないかもしれない」というイメージがもう出来上がってしまっているということ。

そんな時でも、ことは簡単。反対側の小さいゴールをじっと見た上で、振り返れば目の前に大きなゴールが見えます。これは重いものを持った後、急に軽いものを持った時に感じるイメージと同じで、心にもそれは起こります。それだけでもゴールが大きく感じるのです。このように実は、イメージ一つ、工夫次第で成功率というのは変わります。

CHAPTER 2

8

イメージ力を上げるための工夫

先ほどの目標設定とつながりますが、予測力、判断力、決断力はとても大切です。この３つは作戦能力の項目です。実はこの３つがない選手はロボット化している可能性があります。

指示だけを待ち、予測する力、判断する力、決断する力がないから言われたことしかやらない。つまり、臨機応変な対応ができない。やろうとした時にそれをやって怒られると困るから指示を待つわけです。ここを上げていくのが、何を隠そう「イメージトレーニング」なのです。いろいろな対応策を考えたり、起こりそうなことを考えたり。こうなったらこうする、こう来たらこうするといった感じです。

そんな中でさらに自分の長所を活かす、時間帯を感じてここはこういこうとか、相手がシュンとなったからこうしよう、今相手がガンガン来ているからこう守っていなそう、といった判断が出てくる。つまり、心理的な判断も技術的な判断もできるようにするということが大事です。

CHAPTER 2

9

ボトムアップ理論

そういう意味では、近年日本サッカー界発で注目を浴びている安芸南高校サッカー部の畑喜美夫監督が提唱する『ボトムアップ理論』にはさらなる可能性を感じます。先発メンバーから戦術まで全てを、選手が主役で自主的に決めていく指導論のことです。ボトムアップ理論による指導は選手が試合のイメージトレーニングを対戦相手も含めてしっかりとおこなっているためとても効果的です。

監督は選手たちに、イメージをたくさん与えればいいと思います。その中でどうなっていくかとなった時、やはりピッチ内の様子はイメージとのギャップがあります。監督は二次元で見ていて、選手は三次元で見ています。二次元だから言える指示、声かけもあります。その情報をちゃんと選手が活かせないといけないわけです。

予測だけしかないとサボっていますし、判断だけしかないとこれまたビビっていますし、決断だけになってしまうと一か八か、白か黒かのようにギャンブルのようになってしまいます。つまり、相手にとって嫌なことができているか、相手が困っているかどうか、というところも見ていかなければいけません。「いい判断だな」というのは結局相手の裏を取れている、相手のイメージの逆をつけている、相手が嫌がっているということですから。

ちなみに予測力、決断力、判断力がある選手は「センス」があります。周りが見えているし、相手の嫌がることができます。

これは心理的競技能力診断検査（DIPCA・3、株式会社トーヨーフィジカル発行）を通して出てきた結果で、分析結果を見れば心理面でのパフォーマンスがわかります。52の質問に答えていけば、その場で自己分析できます。そうすると12の項目で心の強い弱いがわかるようになっています。

メンタル面、精神力という言葉をよく使いますが、その価値観というのは一人一人違います。人によっては闘争心がメンタル面だと言う人もいれば、人によっては集中力がメンタル面だと言う人がいます。そこでこの心理テストは精神力というものを12の言葉にわけました。

12の項目の一番初めの4つが「忍耐力、闘争心、自己実現意欲、勝利意欲」です。これで選手の今現在のモチベーションがわかります。モチベーションが内発的か外発的か、やっているかやらされているかです。勝とうということだけに焦って目が眩んでいないか、

心理的言競技能力診断検査（東海大学付属静岡翔洋中学校サッカー部）

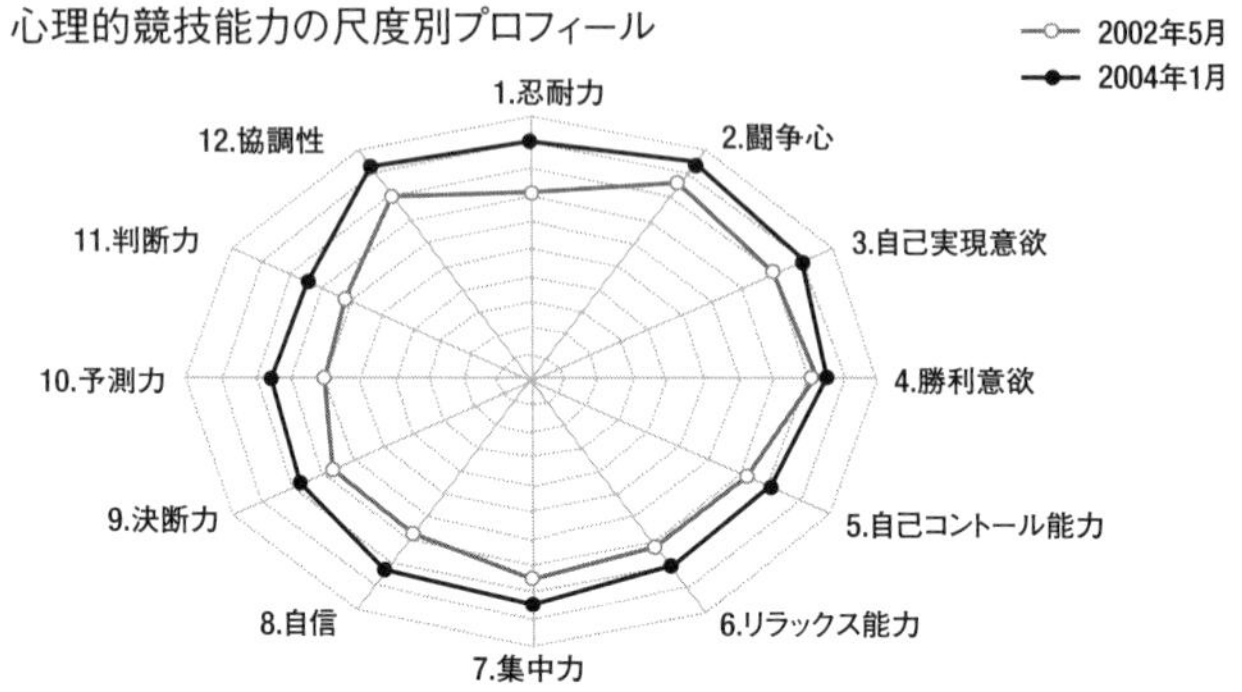

心理的競技能力診断検査DIPCA.3（トーヨーフィジカル）　レーダーチャート診断結果例

燃えすぎていないか、というのがわかります。

次に「自己コントロール能力、リラックス能力、集中力、自信」というのがあります。

ここで実力発揮度がわかります。たとえば、日本の中高生に多く見られるケースとして、本番に弱い選手はここが弱い。その反面、忍耐力、闘争心、自己実現意欲、勝利意欲が高い。逆に本番に強いタイプの選手の特徴は忍耐力、闘争心、自己実現意欲、勝利意欲のやる気の項目が低くて自己コントロール能力、リラックス能力、集中力、自信が高い。手を抜く選手の典型的な例です。

次の「決断力、予測力、判断力」がイメージ力です。最後の「協調性」でコミュニケーションです。協調性は周りにポジティブな言葉を掛けられるか、鼓舞する声、ムードメイクの声が出せるかというのがここでわかります。

私が2002年よりメンタルトレーニングをサポートしている東海大学付属静岡翔洋中学校サッカー部では、入学時から卒業までのメンタルトレーニング結果のフィードバックとして使用しています。

CHAPTER 2
10

試合当日のイメージトレーニング

試合前に準備している時には、さりげなくイメージトレーニングの時間を作れると思います。ストレッチする前など、ちょっとした隙間の時間でもいいと思います。

試合当日はシンプルに、成功イメージを作っておくといいでしょう。イメージを膨らませるのは前日までに終わらせておきます。ただ、ノートを見ながらイメージを復習することは試合当日にあってもいいでしょう。

あとは、イメージの共有です。味方の選手と「こうなったらこうしよう」、「今日の相手はこうしてくるだろうからその場合はこう対応しよう」とあらかじめ話しておくことは大事です。

選手によっては試合当日に急にベラベラ喋り出す選手がいます。たとえば、1998年のW杯で自国開催のフランスが優勝した時、主将のディディエ・デシャン選手が周りの選手を呼んでずっと話していました。

「お前はこうだ、ああしろ、こうしろ」という感じで。あまりにうるさいから周りも「はいはい」みたいな反応になっていました……(笑)。

ナーバスになって必要以上に喋り出す選手もいます。イメージが混乱しないためにも、当日はリラックスが必要です。リラックスをして、局面的なイメージの作り方、ちょっとした工夫のイメージを持っておくのがいいと思います。

CHAPTER 2
11

プロ選手が試合のためのバス移動で音楽を聴く理由

音楽を聴くと呼吸が変わります。呼吸、テンポが変わると、心拍数も変わります。速いテンポの曲を聴けば心拍数は速くなり、スローな曲であればゆっくりになります。

また、音楽には条件付け効果があります。「この曲を聴くと気持ちが乗る」という曲を持っているプロ選手は多いと思います。たとえば、アンセムを聴くとジーンと高まってくるとか、ロッキーのテーマを聴くと乗ってくるとか、ジョーズのテーマを聴くとソワソワするのと同じで、そういう条件付けがあります。だから、一流の選手になれば音楽、曲を使いながら気持ちをコントロールしています。

条件付けできるような曲を持っておくことは有利です。中には気を逸らす目的で使っている人もいるかもしれませんし、自分なりの集中法として使っている人が多いのではないでしょうか。

Soccer mental strengthening method

CHAPTER 3

セルフコントロール

CHAPTER 3
1
自信の作り方

「自信」の構成要素は3つあります。

①結果や目標に対する自信
②自分の能力
③自信に影響する要因

①は、「勝利」、「得点」、「評価」という結果からくる自信です。

②は、「背が高いからヘディングが得意」、「ドリブル、技術、フェイントが得意」、「強い気持ち、諦めない気持ち」など、心技体の能力からくる自信です。主にここは長所とか武器からきていて、リオネル・メッシ、クリスティアーノ・ロナウドといった世界の一流選手もドリブル、スピードといった能力からくる自信を持っています。

③は、わかりやすく説明すると「生活からくる自信」です。普段のトレーニング、家庭

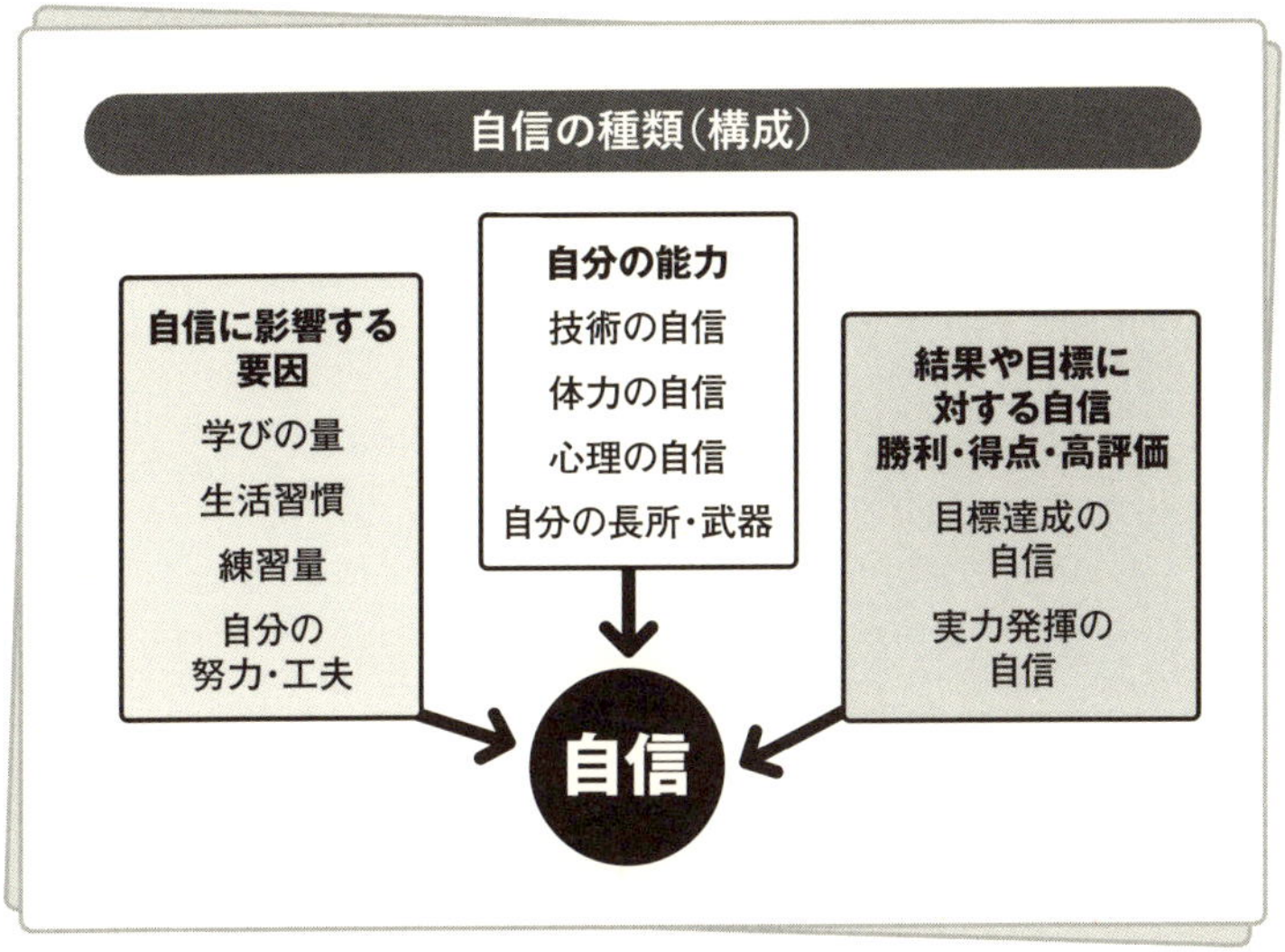

生活、たとえば「パートナーとの関係」、「住む環境」、「保護者」となど日常生活からくるようなものです。

この3つがそれぞれ高まると「よい自信」に変わりますが、結果による自信は基本的に相手がいないと評価が上がりません。ここだけで自信を作ると一番崩れやすくなります。しかし、能力と生活からくる2つの自信は自分で作れます。

点を取ったり、勝っているときはいいのですが、負けたり評価が下がると自信が揺らいで本番前の迷いや焦り、不安につながります。しかし、選手のほとんどがここから自信をつかもうとしているのが、大きな空回りの原因です。そして②、③からくる自信を作るのが下手な選手が多いようです。

①だけで自信を構築しようとしてしまって、不安やプレッシャーを無駄に作り上げてしまうことがあります。勝っている時、調子がいい時、安泰、高評価を得られている時はいいのですが、少し負けたり、少し評価が下がったり、少し家庭生活で何かあったりだとか、少し痛みがあるとなった途端にここの自信は揺らぎ出します。

そうなると「やばい、大丈夫かな……」となってしまいます。しかも試合中もここから自信を作っているチームは逆転されやすい傾向があります。メンタル的にカーッとなってシュンとなりやすいということです。1点取られるとガクッとなるというのもそうです。

②、③から自信を作れれば本番に揺るぎません。この部分こそが「準備から作る自信」です。

まずは、ここから自信を作っていく。準備にこだわれば、自然に自信はついてきます。結果から自信を作っていくと、金メダルを取ってバーンアウトすることも考えられます。

なぜなら、オリンピックでは金メダルよりも上の色がないからです。サッカーにおけるFIFAバロンドール（年間最優秀選手）もしかり。それより上がないため、一度そのポジションにいってしまうと「次はどうしよう？」となるのです。

準備＝自信

さらに、自信の対義語は「危惧」なのです。危惧とは強い不安。シーソーのように考えてみてください。

CHAPTER 3
2
準備からの自信を作る

大切なのは、能力と生活から作る自信で、この2つを一つの言葉で表現するなら「準備」です。準備から自信を作ることが大切となり、この自信ができれば、それは崩れにくく、揺るがないものとなります。

上手くいかなかったり、点が取れなかったとしても、「いい経験ができている」、「練習でまた準備をしよう」とポジティブな気持ちに変えることができます。スポーツ心理学の世界ではこれを「Mental Preparation」と呼んでいます。

「Prepare」とは「準備」です。準備ができれば、継続的なやる気、モチベーションにつながります。ここを作る時も人の評価や他人の言葉が入ってきすぎると、自分のペースが乱れてしまいます。

継続において大切なのは「自分らしさ」、「自分のペース」です。コンスタントに試合で力を出すのが上手な選手、経験豊富なベテラン選手は自分でこうしたものを作っていくのが上手です。「自分らしさ」、「自分のペース」も経験から培っていくので、大崩れがありません。

どうしても育成年代や若手の選手は、結果評価や比較を意識することが多いので、空回りや不安につながったり、指導者、判定者、サポーターを「自分を評価する人」として警戒しやすくなります。

プロ選手でも調子を崩している選手はこのような状態に陥り、マイナスイメージを作りやすくなります。どこかで気づいて、もしくはしっかりとした専門的な知識をもっていれば「目を向けるのはこちらだ」という努力を始めて、「努力」が「準備」に変わります。結局は、自我目標思考性と課題目標思考性の違いにも結びついていきます。

CHAPTER 3
3

理想的な心理状態とは

理想的な心理状態、要するに「集中している」状態というのは、今やるべきこと、今できること、目標に対してスポットライトが当たっている状態です。これが集中できている状態です。

逆に、集中力散漫な状態は、スポットライトがあちこちに当たっていたり、広範囲を照らしすぎて、目標が薄暗くなっている状態です。そうならないためにも、まずはしっかりと自分自身の自信を準備から作ります。準備をするための指標や課題、つまり小さな目標、プロセス目標を明確にして、「まずやるべきこと」、「今すべきこと」は何かを分析する必要があります。

人間は、一度に複数のことに集中できません。2人組でいつもやることがあります。それは『あっち向いてホイ』という簡単なゲームなのですが、始めの10秒間は普通にあっち向いてホイをやってもらいます。次にあっち向いてホイをやってもらっている時に私が、

「今朝起きて最初にやったことは何ですか？」

といった簡単な質問をし、その答えを考えながらやってもらいます。すると、複数のことを処理できないので、上手くいかなくなります。

運転している時も、自転車に乗っている時も、サッカーをしている時も、人は注意を切り替えています。スムーズに切り替えて瞬時に判断をしていますから、一度に複数処理をやろうとするとパニックが起きてしまいます。それが集中力散漫な状態です。

サッカーをしている時に「このままだと交代させられるかもしれない」、「負けるかもしれない」、「失点したらどうしよう」、「評価が下がりそう」と余計なことを考えている状態は、質問の答えを考えながら『あっち向いてホイ』をしている時と同じ状態です。面白いことに、他のことを考えながらあっち向いてホイをすると見事に引っかかります。

これは試合中、相手にはまったり、わかっているのに裏を取られているのと同じ現象です。一生懸命やればやろうとするほど空回りし出してしまう、つられやすくなってしまう。つまり、視覚からの情報をメインに収集しようとするから、それに従おうとしてしまい、極めてシンプルな頭の構造を相手に操られてしまっている状態です。

複数処理をしようとするとパニックになったり、ひどい場合は心拍数が上がり、頭が真っ白になってしまいます。同時に心拍数の増加により、呼吸が浅く早くなり、疲れやすい、息が上がりやすいという状態にもなります。

CHAPTER 3
4

集中力とその種類

集中力の種類という観点でいくと、「トップダウン性注意」と「ボトムアップ性注意」があります。

「集中力＝注意力」であり、専門用語辞典には注意力という言葉が出てきます。「トップダウン性注意」というのは「これを見てください」といって注意力を向けさせられた時に向く注意です。

逆に、「ボトムアップ性注意」というのは「今、財布はどこでしょう?」、「昨日の晩ゴハンは何でしたか?」と質問された時に、「どこにあるかな」、「何を食べたかな」と自分から考え、探っている状態の注意です。

複数処理をしようとしてパニック、過緊張になるのは、余分なことを考えているためトップダウン性注意が高まっているからで、結果『あっち向いてホイ』に簡単に引っかかってしまいます。

しかし、今すべきこと、あっち向いてホイならあっち向いてホイだけで、「考えるタイミング」を自分で探り、「ジャンケン→考える→あっち向いてホイ→回答」というようにリズムと自分のペースでできるようになれば、トレーニングによってスピードが上がり、相手の指に引っかかることも少なくなります。一度に複数処理しないようにしていくこと、自分から注意力を高めることが大事になります。

CHAPTER 3
5

広島がＧ大阪に逆転勝利した試合

２０１５年12月に行われた明治安田生命Ｊリーグチャンピオンシップ決勝の第１戦はアウエーのサンフレッチェ広島がシーソーゲームを劇的なゴールで制し、ガンバ大阪を３－２で下しました。私はアディショナルタイムに入る時、Ｇ大阪が２－１でリードしている展開を見ていて「これは逆転もあるな」と考えていました。

というのも、完全にＧ大阪がトップダウン性注意を高めさせられている状態で、きわめて受動的だったからです。対するサンフレッチェ広島はボトムアップ性注意が高く、能動的に自分たちのやるべきことを明確にして、とにかくワンプレー、ワンプレーをやりきっていこうというアクションを起こしていました。

実際、広島の得点はセットプレーからのリスタートで一本横パスを入れ、完全にＧ大阪の守備陣の注意を惹きつけた展開から生まれました。青山敏弘選手に向けた横パス一本でＧ大阪の選手全員の注意と目線が食いついてしまい、ゴール前のマークがルーズとなり、青山選手が入れたクロスに佐々木翔選手が頭で合わせて同点ゴールを決めました。

91分の同点弾でしたが、私は「もう1点入る」と思いました。それほど広島は、アディショナルタイムの効果的な戦い方を上手く実践していました。その一つが、やるべきことを明確にしていた点にあります。

2014年シーズンに三冠を獲ったG大阪のようなチームでもこうなるのです。もし、集中力の種類とその対策を知っていれば、避けられたかもしれない展開でした。

トップダウン性注意にならないようにするには、守備の仕方を「自分たちが能動的にはめる守備」にしておかなければいけませんし、「どこで奪うのか」をはっきりさせておけば、「してやったり」の守備ができます。

一番してはいけないのは、100%相手に有利な状態でボールを持たせることです。つまり、ファールは絶対にNGなのです。ファールをしてしまうとその一瞬はピンチから逃れることができたように感じられますが、実は相手の方が有利になる時間が長くなるだけです。特に、アディショナルタイムのような時間帯では、ファールは禁物です。

「自由に持たせない」、「判断を遅らせる」、「パスを弱める」、「パスコースを限定する」、「プレッシャーにいくと見せかける」、「わざと体を当てる」など少しの工夫があれば、相手の判断を遅らせたり、ミスを誘うことができます。

高校サッカーでは、集中の仕方によって生ずるシーソーゲームをよく目にします。集中力というのは専門的にいうと「広い集中力」、「狭い集中力」、「内的集中力」、「外的集中力」と4種類に分かれますが、基本的に人間の集中は興味のあることにしか向きません。

たとえば、書店で自分の好きな本を見つけるのはすごい集中力が必要です。何千冊という中から一冊をみつける力こそ集中力なのです。

何千冊という中から自分が探している一冊になぜ注意力が向くのか。興味があるものには向き、他の何千冊を無視してしまうからです。興味がないものは、集中力や注意力が高まらないということです。つまり、興味や注意を上げるということが大切で、簡単にいうと「興味」、「好き」、「楽しい」などです。興味を作れば集中力が湧くということです。

種を蒔けば、「どんな芽が出るのか」、「どんな花が咲くのか」という興味が湧くように、「こうなるかもしれない」、「こういうことが起きるかもしれない」という予測があると自然に興味が湧きます。

「どうなるのか」、「相手はどのようにするのか」と考えることで、自然に集中力、注意力が高まっていくわけです。これがボトムアップ性注意です。

相手のサッカーに受動的になると、トップダウン性注意が高まり、常に複数処理を同時にしなければならなくなり、注意力散漫になったり、過緊張、過集中、過注意というように注意が高まりすぎてオドオド、ビクビクしてしまうような状態になります。

それは裸で真っ暗な森の中を歩いているようなもので、「何かを踏むかもしれない」、「何かにぶつかるかもしれない」、「何か落ちてくるかもしれない」、「未知の生き物がいるかもしれない」といろいろな心配をするようになり、考えすぎから不安を抱えて歩き続けることとなり、なかなか前に進めません。

サッカーでは、そうした状態でピッチに入ると、いつもしないミスが起きたり、相手の駆け引きにはまりやすくなるという現象が起きてきます。

理想的な注意力は、自分の中でスムーズにすべきことを切り替えられて優先順位を立てられている状況下で発揮されます。分析からの予測、長所の活かし方というものを事前に調べておいて、働きやすくしておくといいでしょう。

CHAPTER 3
6

試合前は多くを話さない。できるだけシンプルに

試合前はシンプルに、それまで練習でやってきた経験があるはずなので、「ファーストタッチ」、「前を向く」といったキーワードの確認だけでいいと思います。試合前に新しい知識を入れるのは避けましょう。キーワードとしては、3つ程度に留めるのがいいと思います。

注意力に関しては面白い映像がありますので、紹介しましょう。YouTubeで「注意力　ゴリラ」と検索すれば簡単に見つけられます。白いユニフォームと黒いユニフォームの2チームが同時に同じ場所でバスケットボールのパス回しをする映像です。「白チームがパスを何本つなぐか数えてください」という条件を指示した後に、映像を見てもらいます。

これだけなのですが、パスの本数を数えている、つまり白チームだけに注意をしていると、途中でゴリラが出てくることに気づかないということがあります。変化の見落としに

© 1999 Daniel J. Simons. All aright reserved.

気づくのはごく少数派です。

その事実を知った上で映像を見直すと、「気づかないはずがない」と思うのですが、人間というのは一つのことにしか意識が向いていないと他のことに全く注意が向かないのです。それが結果、評価、比較を気に出して緊張が高まりすぎ、ピンチに追い込まれた時の選手の心理なのです。結果に目がくらむと、変化を見落としやすくなります。

「味方につながるパスを出さなければ」、「ゴールにシュートを飛ばさなければ」と考えると、このゴリラの見落としのように相手を見ることができなくなります。

大切なのは「相手を感じてプレーすること」です。試合前、試合中にナーバスになっている選手がいれば、「必要以上に相手を意識しない。必要以上に味方を意識する必要もない。大切なのは相手を感じて味方が優位に触れるところにボールを運ぶこと。スペースにボールを運び続けよう。それが相手にとって嫌なプレーにつながる」と言ってあげればいいのです。

ボールは1つですから、ボールで相手の注意を引きつけることが大事です。ボールを持っているチームが優位なのは、相手の注意を惹きつけられるからです。スピード、技術、戦術だけで相手を引き離す、裏を取っていくだけでなく、メンタル面のテクニックを駆使してスペースを生かしていくことができれば、常にイメージでも先手を取った積極的なプレーができます。「注意力とは何か」を知っていれば惹きつけられるのです。

また、人は目の前の動くものに惹きつけられやすいものです。「集中力＝注意力」、自らの集中力と注意力のみならず、相手の集中力と注意力を惑わすという形で相手を惹きつける、駆け引きに使うことは大事なことです。

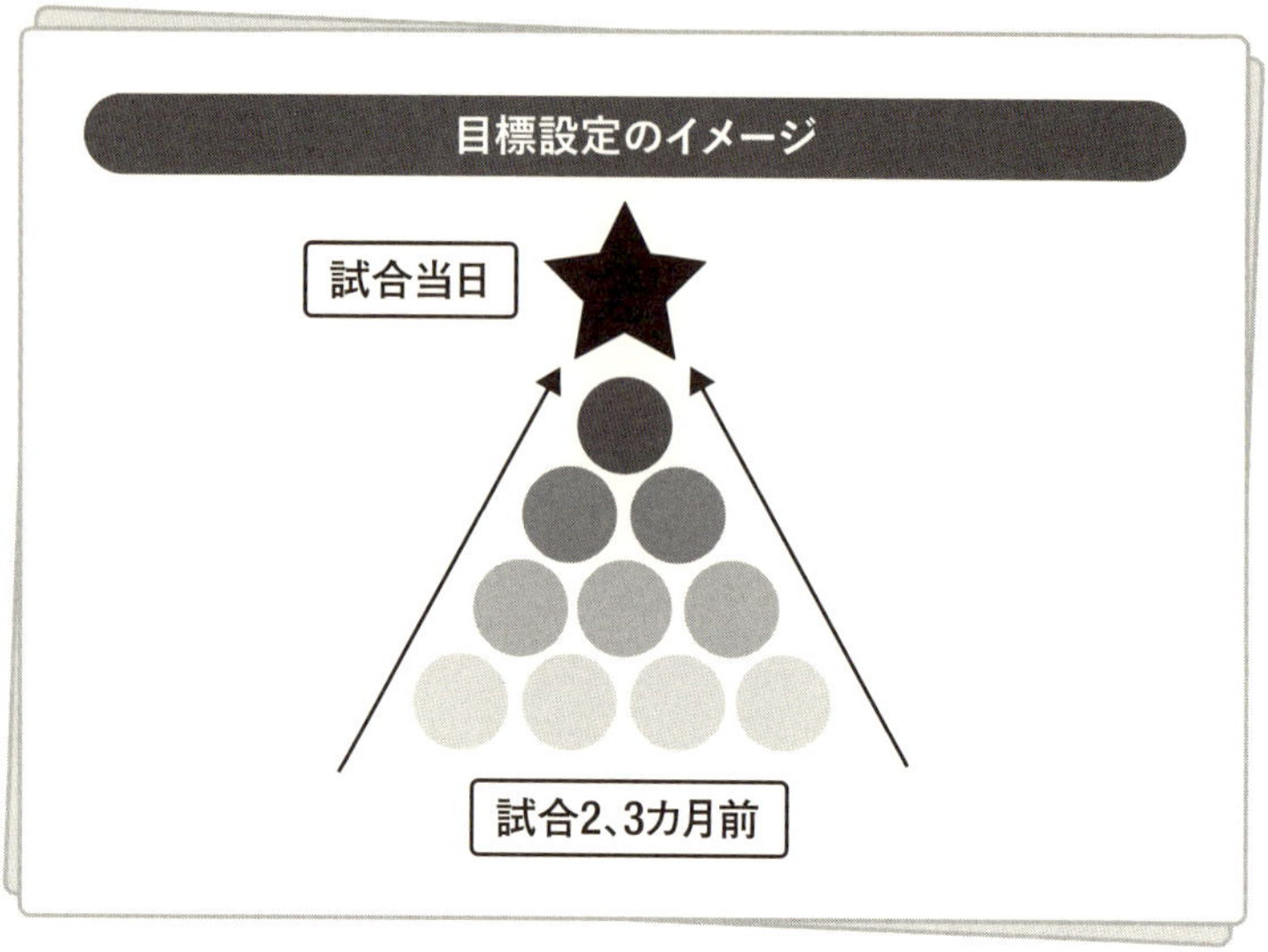

目標設定でもそうですが、やるべきことを明確にすることで集中力を高めることができます。海外では集中力のことを「フォーカス」と言います。「絞り込む」、「的を絞る」という意味ですが、言い方を変えると「やるべきことを絞り込む」という意味です。

目標設定を三角形でイメージしてみてください。

頂点が試合当日、底辺を今現在とすると、たとえば2、3ヶ月前はやるべきことが多いわけです。面積も広い。それを少しずつやるべきことをシンプルに絞り込んでいき、減らしていきます。

最終的に絞り込まれていき、試合前日は気持ちよく寝るだけということになります。絞り込んでいって的を絞ることが、フォーカスすることです。

「Focus」という言葉を集中力として使うケースもありますが、他にも「Concentration」とか「Attention」という言い方もします。「Attention」というのは、基本的には「気をつける」という意味合いでの注意で、「Concentration」は内的集中の意味が強いです。内側に集中していく「瞑想」です。これはリラックスしていくことで上げていきますが、試合に向けて自然と上がると思います。大事なのはフォーカスしていくこと、やるべきことを明確にすることです。

集中力や注意力が散漫になり始めるのは、心と体の疲れ、トップダウン性注意が続いている局面、今すべきことをフォーカスできず、意図や目的、課題や目標を見失っている時です。

気持ちを切り替えていき、自分で注意力を高める、切ることを自分のリズムの中でやっていく。今すべきこと、今、今、今の繰り返しから自然に理想的な集中力は高まり、理想的に切れていくのです。集中力を切るとは、次にすべきことを明確化している時間です。過去を引きずったり、必要以上に相手を敵視したり、遠すぎる未来を考えると、今を見失うことになり、結果として集中力が散漫となってしまうのです。

サッカーにおいて常にプレーは進行していきますが、数少ない「間」を使っていくことも大切です。わずかな間で、集中し直す工夫をしていくのです。これを「リフォーカス」といいますが、チーム全体、または個人で、現状の分析、次に起こりうること、今すべきこと、今できることを探り、次の行動に移っていけるよう間を利用していくのです。

スコアを意識しすぎたり、疲れからマイナスイメージが出てきたり、過去の失敗を探る時間ではなく、常に自分から注意力を高め、スムーズに気持ちを切り替え、自然と理想的な集中力が高めていることが大切となるのです。

チーム全体がそのような状態になっていると、解説者は「今はこちらのチームがペースを握っていますね」と言ったりします。ボールを持っている方が優位に相手の注意力を操っている状態です。

それはやはり「間」が全てで、そのチームが優位に間を使っているからなのです。相手のスローインで簡単に投げさせないような対策をしたり、常に自分たちのきっかけで集中ができているのです。

サッカーのゲームでは、2－0のスコアからの逆転劇などを目にすることがあります。2－0でリードしているチームは、スコアからやや注意力に緩みが出始めます。2点差という安堵から、「守ろう」と受け身になっているので、相手のスタート、相手のきっかけで集中力を高めようとする時間が長くなり、押し込まれる展開が続きます。トップダウン性注意が高くなるのです。

つまり全て相手のキック、相手のファーストタッチ、相手のスローインからの集中になります。せっかくマイボールにしたのに、簡単に逃げようとしてまた五分のボールを蹴ってしまう。五分にしているということは、相手に優位にしているということです。100%マイボールだったゴールキックが、五分になっているというのはもったいないことです。

CHAPTER 3

7

「ゾーン」を作るには

セルフコントロールの目的は、ゾーン、フローと呼ばれる、理想的な心理状態を作り出していくことです。

縦軸が実力発揮、上が１００％、下が０％、横軸は右に行けば行くほど緊張もしくは興奮状態で、左側がリラックス状態です。横軸は「覚醒水準」という言い方もできます。覚醒度合いです。右に行けば行くほど高く、左に行けば行くほど低くなっている状態です。ちなみに、覚醒が０という状態は死んでいる状態です。人間は生きている限り覚醒しています。しかし、覚醒が高すぎてもダメ、低すぎてもダメ。人間が最も理想的な力を発揮するのは、緊張、興奮とリラックスの半分半分のところで、この時に１００％の力が発揮できます。これを「ゾーン」、「フロー」と言います。

緊張が高すぎると力が出ない。リラックスが強すぎても力が出ない。逆U字曲線の頂点付近を作り出そうとする工夫が大事です。日本では、メンタル面の指導というより気合い

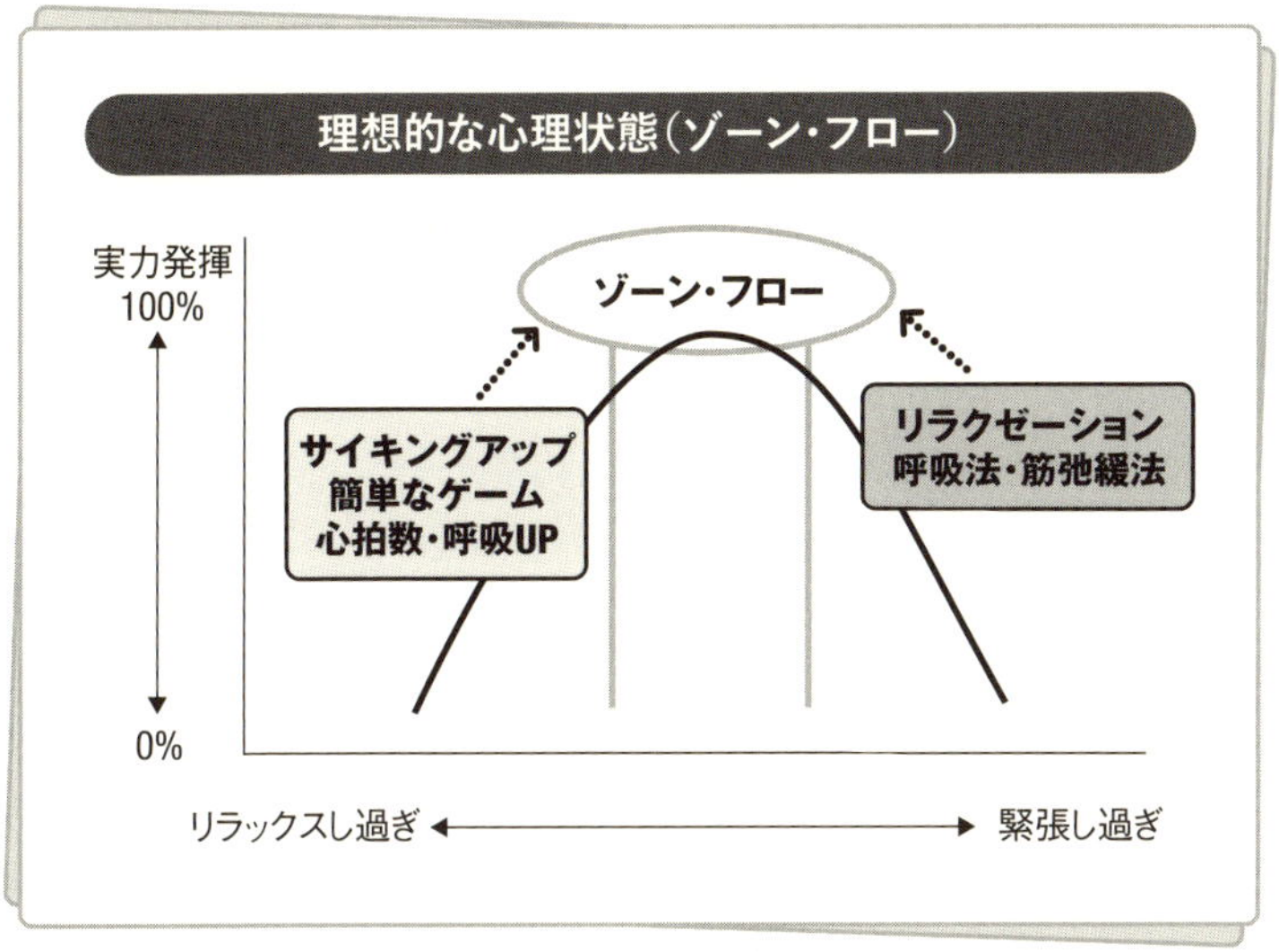

根性が重視されてきました。そうなると興奮や、攻撃的な思考だけが強くなり、バランスを崩して空回りするということがよく起こるのです。興奮させすぎる、緊張しすぎる、これは様々な情報処理を一度にこなそうとしたり、一つのことだけに徹底的に向かわせすぎることで起こります。何事もやり過ぎはよくないということです。

本番に強いタイプの選手は、その自負から緊張感や、注意力が練習で緩みやすくなります。リラックスしすぎて「手を抜く」、「サボる」ということが出てきます。逆に、練習で一生懸命、素晴らしいパフォーマンスを発揮しているにもかかわらず、本番では過緊張という選手もいます。練習ではゾーン近くに心が仕上がっているものの、本番では「結果」、「評価」、「比較」を気にしてゾーンを飛び越え、緊張が強くなってしまいガタガタになってしまうのです。

リラックスを促したい局面で、「気合いだ、気合い」と覚醒を促せばよいと思っている人が多いのが実情です。覚醒しすぎもダメで、やる気が高すぎてもダメ、集中しすぎてもダメなのです。程よいところのど真ん中が理想です。本番が少し苦手で過緊張するタイプは、リラックスを感じ取るテクニックを身につけていきましょう。そのためは「呼吸法」、「イメージトレーニング」などの方法があります。

逆に程よい緊張感、程よい興奮を作り出すために必要となるのは、基本的には「目標」、「課題」、「役割」といったものです。その気持ちをより強くするために、目標設定のトレーニングや、練習日誌をつけたり、自己分析などをしてみましょう。「自分がどうなりたいのか」という中・長期的な目標、課題、プラン、役割、イメージ。こういったもので緊張感を作ります。

さらに、サッカーを心から楽しむ工夫として、心のウォーミングアップ（サイキングアップ）を普段のトレーニングから組み込んでいくことが大切です。サイキングアップでは、心拍数・呼吸を一気にあげ、さらにボールを使ったトレーニングやショートダッシュ、ブラジル体操、リズムを感じ取ることのできるゲームなどを用います。

このコツは、個々人がやりやすいものを作ればいいと考えます。たとえば、私がサポートしている中学生のチームでは、ここでアイスブレイクも含めて鬼ごっこをしたり、簡単なゲームをしています。サッカーユニバーシアード日本代表では、以前ロッカールームで全員で声を出して、特殊な円陣を組み、大声を出して盛り上げていくようなことをしていた時期があります

最近有名なのはラグビーの「ハカ」でしょうか。ニュージーランド代表オールブラックスの伝統儀式であり、発祥は集客のためだったようですが、近年はサイキングアップとしての要素を強く持っています。私が以前参加した国際学会では、オールブラックスのメンタルトレーニングコーチによるハカのレクチャーがありました。

理論的にはゾーンは図示できています。頭の中に逆U字曲線を描き、今自分自身がどの辺かを常に分析することが重要です。これは試合中も同じです。少しファールを受けた

り、ちょっとレフェリーのジャッチがおかしいくらいでイライラしてはいけません。そうなり始めた時には、「覚醒水準が上がり始めた」と感じましょう。もちろん、個人差はありますが、ウルグアイ代表FWのルイス・スアレス選手（FCバルセロナ）の噛みつき事件もそうですが、ちょっとしたことが溜まっていってじわじわと心に入っていくわけです。自分自身の心理状態に気づく力を養いつつ、頭の中の逆U字曲線を意識して、心をコントロールしていく工夫が大切となります。

CHAPTER 3
8

リラックスするためにはどうしたらいいか

ベンチの指導者がキレたらピッチの中の選手は絶対にキレます。セルフコントロールというのは、ベンチの指導者もやらなければいけません。むしろ育成年代のチームでは、ベンチの指導者がしっかりやってあげないと選手はコントロールできません。指導者がレフエリーに文句を言いだすと、選手たちも文句を言いだします。選手は「あっ、審判に文句を言っていいんだな」と思ってしまいます。

セルフコントロールでは、いろいろな技法がありますが、まずはリラックスすればいいのです。

人というのは、どうすればリラックスできるのでしょうか？
リラックスをたくさん感じ取ればいいのです。リラックスをたくさん感じ取るとリラックスできる。何だか当たり前のようで難しいことですね。

たとえば、あなたが家に自分の部屋をもう一つ増設できることになるとします。新しいマイルームの目的は、リラックスすることです。そうなった時にいろいろな物を置くと思います。

ぱっと思い浮かぶものとして、ソファー、水槽、アロマキャンドル、照明、絵画などがあると思いますが、これらは全てリラックスを感じ取ることのできるものです。つまり、人間というのはリラックスしたい時、「リラックスを感じ取りたい」と思っているのです。

だから、リラックスするためにはリラックスを感じ取れるものを身近に置けばいいのです。ですが、試合前に自分の部屋に戻るわけにはいきませんから、試合会場、試合中にリラックスするためには見慣れた物を見ることが一番簡単にできることです。

聴き慣れた音楽を聴くことも試合前にできます。五感で慣れ親しんだものを感じ取ることでリラックスできます。高等テクニックとしては、意図的に緊張状態を作ってリラックスを体に感じささせればいいでしょう。

CHAPTER 3
9

漸進的筋弛緩法でリラックス

漸進というのは少しずつ進む、徐々にということ。漸進的筋弛緩法とは徐々に筋肉を弛緩させていくこと。これは英語で言う「Progressive Muscular Relaxation」です。

主に試合前にやるのがいいでしょう。現在、私がメンタルコーチを務めるブラインドサッカー日本代表の試合前にも導入していますが、右手、左手、両腕、右足、左足、両足、全身という順番で、各部位に力を入れ、息を吸って止め、吐くと同時に力を抜く動作を立った状態と寝た状態で行なっていきます。心と体のリラックスを感じ取りながら、無駄な力を抜いていくのです。近年、高血圧の対処法としても用いられています。

深呼吸（呼吸法）もリラックスするために大切なテクニックです。深呼吸は基本的には先に息を吐き出してから行ないます。まずは目を閉じて、口から「すぅ〜」と息が抜ける音を出しながら行なうと効果的です。次に鼻からゆっくりと吸い込みます。程よいところまで吸い込んでから、ゆっくりと吸った時の3倍以上の時間をかけて吐き出します。人によって肺の大きさも違いますから、吐く時間、数時間は自分が心地よいと感じられるくらいにしてみましょう。

さらに、体の一部にグッと力を入れて鼻から息を吸って止めてスーッと吐き出す。深呼吸においては、息を吸って止めておいてからスーッと吐く。ここで、両腕と奥歯を使って試してみてください、…今でも感じ取れますよ。鼻からゆっくり息を吸って止めると同時に両手、両肩、両腕、奥歯にグッと力を入れます。

鼻からゆっくり息を吸って止めて、吐いて！

リラックスを感じ取れましたか？　これも練習の時から使っていきましょう。ちょっとイラっとしたとか、ちょっと焦ってきたな、という時にやるのです。

日本ではラジオ体操や体育の授業などの影響で、先に息を吸わせることが多いのですが、これはあまり良くありません。深呼吸においては、先に息を吐かなければいけません。

先に吐く。意識は胃袋に置きましょう。

緊張、興奮しすぎている状態というのはただでさえ呼吸が速くなっています。人間の過緊張の状態というのは、「ワッ」と驚かされた瞬間と同じです。「ワッ」と驚かされると人間は息を吸って止めます。この状態というのはパニックになっている時の人間に近い。過緊張の選手というのは、前日の晩から徐々に驚いたような状態に近くなっていきます。身を守ろうとして、呼吸が早くなっているのです。プレッシャーを強く感じすぎてしまう選手もこれに近いのです。浅く早い呼吸になっています。目がキョロキョロして、聞かなくていいものを聞こうとして、見なくてもいいものを見ようとして頭の中がパニックになります。

この時に先に息を吸わせると、もっとパニックになるわけです。一度「ハッ」となって息を吸い込んで止めているわけですから、その状態で「息を吸え」と言っても吸えません。ひどい場合は、過呼吸に陥ってしまいます。

そこで深呼吸の時には、まず息を吐き出さなければいけません。吐き出してから鼻からゆっくり吸います。なぜ鼻からかと言うと、一定量を吸うためです。そして、口から細く長くスーッと吐きます。これを2回ほどやります。

こうした深呼吸の仕方を練習からやっておくと本番でも使えます。もし鼻が詰まっている場合は、あまり口と大きく差が出ないように工夫して一定量、一定のペースで吸うようにしてスーッと吐きましょう。

あとは、イメージトレーニングです。次に起きそうなことを予期しておく、自分の理想的なプレーをイメージしておく。イメージの中で次はこうだなとか、次はこうしようといったことです。

初歩的なやり方として、理想的な自分をイメージするというのもあります。「人のふり見て我がふり直せ」ではありませんが、自分を客観視してイメージを作っていくというやり方です。客観視は大事です。ただし、実力発揮へ向けてです。これが練習の時からできなければいけません。試合の時にいきなりやろうと思っても絶対に無理です。

CHAPTER 3
10

練習への落とし込み方

筋弛緩法や呼吸法、イメージトレーニングは練習と練習の合間、自分の番が来る前などに自分で意識して入れることができます。私が現場にいる場合、「ここで姿勢、深呼吸、セルフトークをやりましょう」などと選手に声をかけます。セルフトークとは自己会話、自分へのつぶやき、自分への話しかけです。

試合でヒートアップするような展開になってきたら「間を使ってそれぞれ筋弛緩、両肩の筋弛緩」という形で周りに声かけを入れていきます。先ほども言ったように、見慣れたものを見るとリラックスするのですが、見慣れたもので周りにある物といえば、「空」です。姿勢としても上向きになりますから、疲れてきたり、集中が切れ始めたり、悪いネガティブなイメージが出てくると顔を隠そうと下を向きます。

そこでもう一度姿勢を正させて空を見て深呼吸させます。見慣れたものを見る。「姿勢、深呼吸、ヘッズアップ」という言葉を掛けていきます。

ヘッズアップというのは、アメリカに行くとメンタルコーチの間では専門用語です。「切り替えろ」、「リラックスしろ」、「ポジティブなイメージを作れ」という意味が入っています。実はMLBのマリナーズとドジャースのメンタルトレーニングを指導していた、ケン・ラビザは『ヘッズアップベースボール』という本を出版しています。

サッカーでは、失点したチームが下を向いてしまうことがよくありますが、それは一番ダメです。下向きになると、ネガティブなイメージが入り込んで次に切り替えられません。すぐに切り替えるためにもキックオフする前に各自が空を見上げたり、円陣を組んでチームで対処法を考えるなどした方がいいでしょう。

CHAPTER 3
11

コントロールできないものはコントロールしない

セルフコントロールにおいて大切な考え方に、「自分がコントロールできないものをコントロールしようとしない」というものがあります。

天気、ピッチ、レフェリー、相手、過去……。これらを変えようとしても無理です。イライラしたり、心を乱すだけです。コントロールできないものは考えるだけ無駄である、コントロールできるのは自分の心と未来だけである、と考えることが大切なのです。

コントロールできないものは、コントロールしようとせずに柔軟に受け止めてしまう。どうすればコントロールできないものを活かせるのかについて考えていくこと。そして、今自分ができることは何なのか考えていくこと。それを行動に移すこと。これを「心理的柔軟性」と言います。これはとても大事です。

これまでの日本のメンタルトレーニングは、「コントロールできないものは考えるだけ無駄だから考えるな」というところで止まっていました。でも、私は「コントロールできないものを活かせないとダメだ」と思います。

それができるのがサッカーの面白さだと思います。

ピッチはコントロールできない。ピッチが濡れていること、固いことは考えるだけ無駄だから考えない。これで終わっていたらもったいない。それだったら濡れているピッチ、固いピッチを活かす。そうした発想は、駆け引きにもつながります。自分がコントロールできないものを活かせるかという考え方は、ポジティブシンキングに直結します。

ピッチを活かす、風を活かすということは大事だと思います。あとは味方を活かす。味方の良さを引き出すことでプレーの質を上げていく。そうすると、自分の気づきが増えることになります。味方を活かせない選手の多くは、セルフコントロールが下手なのです。

CHAPTER 3

12

パフォーマンスルーティーン

クリスティアーノ・ロナウド選手のフリーキック前の動作を思い出してみてください。一連の動作、手順で集中力を高めています。そうすることで、他のことを考えないようにする、他のものを見ないように、聞かないようにしているのです。自分のやるべきことだけに意識を持っていくことで集中力を高めているのです。

「パフォーマンスルーティーン」とは、一連の動作・手順で集中力を高め、イメージをつくり、プレーの成功率やパフォーマンスの向上を促すものです。

ルーティーンは走りながらでもできないとダメだと思っています。つまり、オフ・ザ・ボールの状態でセルフコントロールを完了し、最終的には無意識でできていることがベストです。オフ・ザ・ボールと駆け引きで消える動きやフェイク、そういった相手を引きつける動きが重要だと、私はいつも言っています。それ自体をルーティーンにしてしまうということも指導しています。一度出て戻る、戻って出て裏を取る動きなどですね。

ＦＷとしてのボールの受け方も、それ自体をパフォーマンスルーティーンとみなしてもいいと思います。あとは、オトリです。オトリの動きを入れていくこと。自分のペースで自分の得意なことを出していくこと。それを自分のルーティーンにしていく。ただし、ルーティーンを作りすぎると相手に読まれてしまいます。

簡単なものから試してみてください。どんな時でも活きるルーティーンが作れればいいのです。シンプルなものとしてはまず姿勢です。姿勢が悪いと上手く体も使えませんし、呼吸もしにくく、視野も狭くなります。姿勢の確認の動作、重心の確認（体重を感じる）からリラックスすることもできます。

それと呼吸です。走りながらの深呼吸は無理なので呼吸を確認、整える、感じることで集中力を高められます。

セルフトーク、声も大切です。声に出したセルフトークです。ツーエフェクトセルフトークといいますが、二つの効果を持つセルフトークのことです。自分のセルフコントロールと共に、集中やリラックス、鼓舞のメッセージをチームメイトに発信していくのです。たとえば、「次、次！」とか「リラックス！　リラックス！」など自分自身を鼓舞する声を出すと、味方に対してもプラスの作用があります。とにかく声に出して鼓舞する。ポジティブな言葉を使っていくことをルーティーンにしてみましょう。

姿勢、深呼吸、セルフトーク、この3つはやりやすいと思います。

エンブレムを握る、すね当てを直す、シャツを入れ直す、という動きそのものをルーティーンにするという方法もあります。無意識にできていけばいいと思います。ただ初めは意識して、姿勢、深呼吸、セルフトークをやっていきましょう。

この3つを一連の流れで行なうことを「ルーティーンNO・1」と呼んでいます。他に大切なのは「間の使い方」です。選手が倒れたとか、選手交代のタイミングなどでの切り替えを自分たちで行なうといいでしょう。

CHAPTER 3
13

ポジティブシンキング

「プラス思考」、「ポジティブシンキング」と聞くと、大半の人がその場しのぎ、いい加減な判断、ちょっと先の嫌なこと面倒くさいことから一瞬目を背ける、という考え方だと勘違いしています。

しかし、基本的にプラス思考というのは「思考」ですから、イメージです。小さな成功イメージのこと、見立てのことです。成功の見立てなどの仮説や成功のイメージです。これを作っておかないと基本的にはその通りに人間の体は動きません。

頭の中にイメージがあるからこそ、行動に移せるのです。たとえば、ゴルフを見たことがない人に「ゴルフのスイングをしなさい」と言っても体を動かすことはできません。それはイメージがないからです。イメージがないことは体を動かして表現することができないのです。だから、「勝つイメージ」がなかったら体を動かして勝つことはできません。「成功のイメージ」がなかったら体を動かして成功することはできません。つまり、先に成功のイメージを作っておかなければいけないのです。

それをたくさん集めていくことがプラス思考です。これは24時間使えます。とにかく、いいイメージを持って生活すること、小さな見立てでいいイメージを持つこと。単に成功イメージと言ってもこれは結果だけでなく、具体的なプランやプロセス、課題目標をしっかりと組み立ててから成功後の歓喜までもイメージしてもらいたいと思います。

結果だけ見ると自我目標に陥ります。自然に不安になったり、そんなことは無理だと思ったりしてしまいます。自分の成長、気づき、発見を意識してみましょう。気づきや発見を求めてチャレンジ・アクションを繰り返すわけです。

逆の意味で、「マイナス思考」という言葉がよく使われますが、私はこの言葉があまり好きではありません。マイナス思考という言葉を使わずに、次のように考えて下さい。

「ポジティブなイメージが少なかった」
「ポジティブな感情が少し低下した」
「プラスのイメージが少し足りなかった」

人間の心をプラスかマイナスの2極だけに分けることはできません。なぜなら、一人一人違うものだからです。赤と青の間に紫色のグラデーションがあるように、感じ取り方も一人一人違うものなのです。マイナス思考と言うのではなく、ポジティブな感情やイメージが若干低下した、ポジティブなイメージが足りなかったからもう少し増やしていこう、と目安を持って考えてもらいたいと思います。

マイナスイメージというのは全てがいけないかというと、決してそうではありません。「こんなことが起きるかもしれない」という危機管理でもあるのです。ネガティブな思考から危機管理、対応策を探ると、具体的なプランが整うにつれてプラス思考へと変化していくこともあります。
マイナスな出来事をリストアップし、具体的な対応策とプラン、そのバリエーションをイメージの中で準備し、さらにブラッシュアップを実践的な練習で探っていきましょう。次にプラスの方向に対応策を作ります。これをトレーニングでどうやるかということが大切です。

ポジティブな感情が低下し、ネガティブなイメージが先行し始めると、結果が悪くなった時に限って人のせいにしたり、物のせいにしたりする傾向が出ます。また、自我目標思考性が強くなりすぎると、結果評価を意識しすぎて、敗戦や失敗、評価の低下、ミスを受け入れようとせず、環境やチームメイト、指導者、天候や気候などの自分以外のものに原因をなすりつけるようになります。

これを専門用語で「外的帰属」といいます。外的帰属の逆を「内的帰属」と言いますが、起きた原因現象を自分の中で吸収して模索することです。

ミス、失敗、敗戦などは成長の情報源に他なりませんが、ポジティブな感情が低下し、マイナス思考に引きずりこまれていくと、徐々に結果の原因を外に向けていくようになります。結果・評価・比較から自信やプライドを構築しているため、自信とプライドを守るため、周りに自分の利己的な考えを納得させようと奔走し、周りの人間までネガティブにしてしまうことがあります。

結果を出せばポジティブ。結果が出ないとネガティブ。

これは違います。ポジティブだから結果につながるのです。大切なことは、自ら常にポジティブでいようとすることではなく、どうすればよりよいプランやプロセスを作ることができるかを考えていくことです。

「試合中にあそこでみんなの足が止まったのは、こういうメカニズムだったのか」

「確かに試合中に点を取られたとしても変えられるのは未来だけ。引きずっても仕方がない」

「その後に自分たちがどうするか。いい経験にしよう」

このように現状を分析し、柔軟に認め、受け入れ、その時にできることをやり遂げていくこと。自分自身のこのような準備時間が、小さなつぼみになる頃には、誰しもポジティブになっているはずです。

Soccer mental strengthening method

CHAPTER 4

試合に対する心理的準備

CHAPTER 4
1

試合当日の朝の使い方

ここでは試合当日の朝、起きてからの過ごし方について解説しますが、まずは前日の夜、気持ちよく眠りにつくことがとても大切です。目標設定について話した1章でも取り上げましたが、試合前日の夜というのは、シンプルに気持ちよく寝るだけです。

この段階で「ああだ、こうだ」と考えすぎると不安が生まれます。ここでできるところは気持ちよく寝ることしかありません。リラックスするテクニックや、読書、アロマなど、さまざまな工夫をしている選手がいます。海外や、アウエーでの試合の場合、普段と違う環境下で深い睡眠をとるためにも、リラックスする工夫をいくつか準備しておくとよいでしょう。

次に、翌朝気持ちよく起きること。海外の場合は時差も考慮しなければなりません。結局、勝てるチームと伸びる選手、勝てないチームと伸びない選手を比較すると、朝の起き方から違います。心と体の目を覚ますということから始まって、家（部屋）を出るまでの時間の使い方のプログラムです。

キーポイントは「散歩」です。朝の散歩をセルフコンディショニングと呼びます。朝の散歩をしてから食事をする。30分は時間を取って近くの公園や森林、寺社仏閣など、緑が多くある場所での散歩が望ましいと考えます。人間は視野の中の60％以上を緑にすることで、リラックスすることができると言われています。

もっとも望ましくないことは時間に急がされること。ゆとりを持ち、「自分の時間を使っている」という感覚を持ってゆったり楽しくごはんを食べるということが大切です。楽しくごはんを食べるだけで消化も違うという生理学データも出ています。

楽しく食事をし、最終準備を整えて気持ちよく「行ってきます」と家を出る。

中には、「朝ごはんを食べられない」という選手がいます。管理栄養士さんの苦労としても朝ごはんを食べられない選手が多いと聞きます。菓子パンを食べたり、コーンフレークだけで終わってしまう。しっかりとバランスの良い朝食を摂る習慣のない選手は意外に多いと思います。

なぜ朝ごはんが食べられないかというと、起きてすぐに食べようとするからです。まだ内臓の不随意筋（内臓筋・心筋＝自分の意志では動かすことのできない筋肉）は寝ているわけですから、内臓筋を散歩で目覚めさせ「グー」とお腹を鳴らし、「ごはんが食べたい」という状態を作り、ここでごはんを食べるのが一番いいのです。

朝の時間を自分で使うこと。朝起きてから「行ってきます」までをせかせかしていると、1日の中で「せかせか」、「イライラ」を引きずります。

朝ゆったりとリラックスした時間を過ごすことで、その後もリラックスでき、自分なりの準備ができます。これは合宿先でも同様です。

たとえば、歯磨き、洗顔、着替え、散歩、そして食事。大体、食事の後にミーティングがあります。宿舎を出る前、監督から話が入って「よし出発だ」となる。ここまでの流れを事前に確認しておくといいでしょう。これは試合に向けて毎日、自分でやっていく。受験生でも受験当日の流れをイメージトレーニングで確認しておくと有効です。

基本的には散歩は試合当日だからするのではなく、普段から自分なりのルーティーンとして確立しておくことが大切です。オリンピックのような世界最高峰の国際大会になると、朝、選手村で散歩している選手がたくさんいます。

アメリカを中心としたリゾート地で開催されるスポーツ心理学の国際学会に行っても、朝起きて散歩やヨガをしているスポーツ心理学者が大勢います。日常の大切なルーティーンとして確立されているのです。

チームとして行なってもいいのですが、チームとしてやる場合、私は簡単なゲームを入れます。あっち向いてホイ、手つなぎ鬼など、簡単なゲームを入れて、目覚めを良くするイメージです。できれば選手間でコミュニケーションをとった方がいいでしょう。その場合、ポジティブな会話を心がけましょう。

朝もネガティブになっている選手はいますから、そういった時に近くにいる指導者が声をかけてあげる。自分がスタメンか控えなのか不安な選手は、ここからナーバスになっています。これも時期によって変わりますが、オリンピック選手であっても代表選出された頃の合宿では感じなかった焦りや不安を抱えるケースがあります。本大会に近づくにつれ、控え選手は苛立ちや諦めを抱えたり、ずっとベンチであることに対して不満を抱き、マイナスな言葉をポロっと出すことがあります。

怪我をした選手も「どうせ自分は試合に出ないから……」といったことを言い出すことがあるので、ケア・サポートが必要になります。

CHAPTER 4
2

調子の良かった日、悪かった日の分析

試合に対する心理的準備の導入としてまずやってもらいたいことは、調子の良かった日、悪かった日の分析です。自分自身が最高のプレーをした試合の分析、逆に最悪な試合の分析、そしてそれぞれの対応策を考えます。

自己分析表（最高・最悪）

	最高のプレーができた時		最悪のプレーをした時	
	例		例	
	4/16・○○高校		8/12・■■クラブ	
試合の時に何を考えていましたか？	試合が楽しみで仕方なかった。リラックスして準備が進められた。		自分のせいで負けたらどうしようと考えていた。相手が強そうだと感じ、萎縮していた。	
試合中、どんな気持ちでプレーしていましたか？	プレーがうまくいくイメージができた。楽しみながら試合に臨めた。どうすればプレーが決まるのかアイデアが湧いた。		ミスをしたらどうしようかと思い、プレーに集中できなかった。早く試合が終わらないかと考えていた。	
周り（チームメート・相手選手）はどんな状態だったか？	いつもより声が出ていた。意思疎通がうまくいっていた。練習していたプレーができていた。		自分の考えることやチームメートの考えることが通じていなかった。ベンチや監督、観客からどう見られているのだろうと気になった。	
いつもと何か違うことを感じましたか？	身体が軽く、試合が終わってもまだまだやりたいと感じた。とても楽しかった。終わったあと自然と笑顔になっていた。		いつもより時間が長かった気がした。身体が重く、疲れていた。身体に違和感を感じた。気づくと下ばかり見ていた。	

朝、移動、ウォーミングアップ、試合直前、ハーフタイムと作っていき、最高のプレーをした時の自分の言葉、話していた内容、姿勢、意識していたことを列挙していきます。

そうすると「こうすると良い、ああするとダメだ」という傾向がわかってきます。ダメな傾向はそれが起きないような対策をとります。調子を悪くするようなことを「起こさない」ではなく、対策があれば「起きてもこうすればいい」と受け止めることができます。

逆に、調子のいい試合の時には、「こうしていたからこれをやっていこう」と分析から洗練していけばいいのです。

試合においても、事前に想定していれば乱れることが少なくて済みます。こうしたことを考えると結局、試合のことだけを考えナーバスになることがどれだけもったいないかがわかります。

なぜなら、試合というのは1週間の中でたったの90分間だけだからです。その90分のために、他は全て準備に当てているわけです。その準備の質を上げていくというのが大切です。当然、試合から逆算して目標を立てることは大切であり、相手の分析、季節や当日の天候、会場の状態など試合当日のイメージを作っておくことは当たり前のこととして準備する必要があります。

この作業を済ませたら、目前の試合の先のことも考えた準備が必要となります。最高のプレー・最悪のプレー、心技体におけるミスの質など試合当日の分析から、日常の準備の質を高めていくのです。

たとえば、「24時間をどう使っていますか?」という質問から、1週間のスケジュール表を用いて簡単な自己分析を行ないます。プロサッカー選手の場合、週末にある90分の試合のためだけに全てがあるわけです。プロとして評価されるのも、問われるのもこの90分の中だけです。

だからこそ、90分以外での準備の質を上げていかなくてはいけないのです。他の準備にどのような工夫ができるかということをこうした作業を通じて確認してもらうのです。

スケジュール表

	月	火	水	木	金	土	日
5:00							
6:00							
7:00							
8:00							
9:00							
10:00							
11:00							
12:00							
13:00							
14:00							
15:00							
16:00							
17:00							
18:00							
19:00							
20:00							
21:00							
22:00							
23:00							
24:00							
1:00							
2:00							
3:00							
4:00							

一週間の時間の使い方を実際に確認しましょう

単純にスケジュール表を見るだけで「確かにそうだな」と思うはずです。90分だけですから。

「時間がない」という指導者、選手は結構いるのですが、「メンタルトレーニングをやっている時間はない」と言い訳する人は、時間に動かされている人です。時間は誰にでも平等にあります。

多忙な総理大臣だからといって1日30時間あるわけではないし、大企業の社長だからといって1日50時間あるわけではなく、人は平等に1日24時間です。1分は60秒なのもみな同じです。

しかし、その中で時間に動かされている人と、時間を主体的に使う人の差が生まれます。タイムマネージメントの上手い選手は、時間を主体的に使っています。自分で決めて自分で行動することができる。

「時間がない」と言う人は決められた作業を自分の中で消費しているだけ。そこが自主性と主体性の違いです。自主性が高い人というのは日本には多いはずです。

学校でも「自主性を持ちなさい」と言われます。だから、決められた時間の中で決められたことをする。でも、主体性というのは自分で時間も決めて、自分でやることも決めて行動することです。

試合に対する心理的準備で大事なのは、自分で作る自分のタイムマネージメントです。当然、チームの時間としてやるべきことを決められる、制限されることはあると思います。

その他、自分で時間を決めて自分で行動していくことも大切です。これが下手だと時間にも受け身になってしまいますし、考え方も受け身になってしまいます。指示も受け身、相手のプレーにも受け身になってしまう。また、結果・評価を気にしすぎることにより、さらに拍車がかかり、受け身になってしまう。

常にタイムマネージメントをしていく力を育てるというのは、ピッチの中で自分の予測力や判断力、決断力を上げるということにつながります。

現に、勝っていく、伸びていく選手というのは、それが上手です。自分で時間を決めるという自己決定がスタートになります。

時間というのは、何となく監督やコーチからの指示で当然決まりますが、それに対する準備に関しては自分で決められます。

残りの準備の時間というのが試合に対する心理的準備のスタートになります。調子のいい時、悪い時の様子を見た後に、その違いと共通点をそれぞれ見つけましょう。

タイムスケジュールはどうでしょうか。おそらく、最高のプレーをした時は自分自身で決めた時間、過ごしていた時間が多いはずです。しかし、最悪なプレーをしていた時は、時間を気にしすぎていたはずです。

時間を感じるプレーというのは大事だと思いますが、時間に動かされているのはよくありません。攻撃にしてもそうです。

自分たちで攻めているのか、攻めさせられているのか。守備も同じで、自分たちで守っているのか、守らされているのか。これは時間の受け取り方によって変わってきます。

アディショナルタイムをどう感じるのかについても言えることです。時間に動かされると受け身になるし、集中力も受け身になります。

時間を自分たちで動かそうとしていると、残りの時間も主体性を持った声かけができるようになります。勝っていようが負けていようが大切なのは時間をいかに主体的に受け止め、自分たちの攻め方、守り方、試合運びができるか。それは、日常生活の準備へのこだわりから始まっていることなのです。

CHAPTER 4
3

会場の下見

会場や大会、気候によって若干当日の準備は変わっていますが、会場の下見はとても大事です。試合会場のロッカールームやトイレの場所、試合時間の日差し、ピッチコンディションは事前に頭に入れておき、情報として準備しておくことが大事です。できればピッチの下見はやった方がいいでしょう。

私もサポートする中学生チームの公式戦のため、ビデオ持参で試合会場まで会場の下見に行くことがあります。試合会場の管理人に頼み、会場内に入れてもらってロッカールーム、トイレの場所を確認します。また、試合と同じ時間に行って、アップ場所とピッチの日差しの向き、風の強さなど、全てをビデオに撮って解説を入れて、選手に試合の1、2週間前に見せることにしています。

ウォーミングアップの流れはチームとしてある程度できあがったものがあると思います。イメージトレーニングの2章でも少し触れたのですが、たとえばアップ会場が離れているというケースがあります。

特に、中体連（中学校サッカー部）の全国大会になると、アップ会場までバスで移動というケースもあります。そうなると、いつも通りの流れで試合を迎えることができません。

このような時は、バス移動の時間をどのように使うかが重要になります。バス移動は面倒なので、選手が走って移動というのも考えましたがその時は真夏の大会でしたから、炎天下での移動はよくないと考えました。

実際、選手が走って移動するチームもありましたが、私のチームはバスを使って移動しました。その代わり、バス移動の時間は音楽と映像で間をつなぎ、車内で簡単なミーティングと着替えを行なうことにしました。

CHAPTER 4
4

試合当日に喋り出す選手と無口になる選手

試合当日になると「いつもと違う状態」になる選手がいます。大きく2つのタイプに分かれます。まずは、舞い上がって急に口数が増える選手です。周りを鼓舞し始める選手でもあるのですが、試合を前に不安が募るので喋り出します。

逆に、試合になると無口になる選手もいます。自分がどちらのタイプなのは、あらかじめ選手に分析させておきます。

どちらのタイプにせよ、選手にとって試合会場の下見をして、事前にイメージを作っておくことは大切です。

あなたが引っ越しをする時、まずは新居の下見に行って、「ここに家具を置いて、ここは寝室にして、この部屋はこういうふうに使って」といったイメージを作るはずです。それと同じことです。

逆に、入居前の家が家具付きの家である場合、自分なりのイメージを作りにくく、作ったとしても既存の部屋のレイアウトによってイメージが崩されてしまうことがあります。だからこそ、試合会場の下見をして、誰にも邪魔されないイメージの中で一度、自分なりの心理的準備をした方がいいのです。

引っ越しの場合は、家具や置物、オブジェは購入しなくてはいけないので予算というものがありますが、サッカーの試合におけるイメージには予算は関係ありません。自分の能力ですから。自分の持っている能力の中で「このピッチをどう生かすのか」、「ここでどういうことをやろう」といったイメージを作ることができればいいわけです。

CHAPTER 4
5

ドーピングは〝勝ちたい〟からするのではない

試合直前には不安に襲われることもあります。ドーピングにもこのあたりが大きく関与しています。ドーピングする選手の多くは、〝勝ちたいから〟ドーピングするのではありません。〝負けるのが怖いから〟ドーピングしてしまうのです。

ドーピングに手を出してしまった選手をかばうわけではありませんが、ドーピングする選手は可哀想なのです。そばでこういうことも伝えてあげられていれば、ドーピングに逃げるようなことはなかったかもしれません。準備から構築する自信を持っていれば、自ら構築するトレーニングを積んでいたら、そうした選手のキャリアは大きく変わっていたのではないでしょうか。

CHAPTER 4
6

指導者は結果を求めていいのか？

指導者は「結果を求める」と言っていいと思います。企業のトップもそうです。結果が欲しい、勝ちたい、チームを勝たせたい。そこで何ができるのかとなった時、結果を出すためのプラン、結果を導き出すための方程式を指導者として探していくことが大切であり、選手は指導者の求める結果に対して準備から自信を構築していくことが大切となります。

選手たちが自信とは何かを知り、さらなる探究心や向上心を育てていくことができるよう、環境作りのサポートや考え方の工夫をアドバイスしていくことも指導者の担う役割かもしれません。

CHAPTER 4

7

心理的な柔軟性

試合になると様々な出来事が起きます。プレッシャーもかかります。プレッシャーは外的な刺激によってかかるもので、不安というものは内面から発生するものです。

プレッシャーというものは必ずやってきます。特にプロ選手、W杯に出場するような代表選手にもなると我々には想像もできないほど大きなプレッシャーがかかります。

しかし、そのプレッシャーと無理に戦おうとすると、余分なストレスや不安をさらに作り出すことになります。そうならないためには、簡単に言うとプレッシャーを受け止めてしまえばいいのです。

その中で「自分は今何ができるか」ということに気づく力が大切となります。現状を分析し、寛容に受け止め、今できることを貫き通す、やり抜く力が大切です。それができるチームがW杯で勝ってきていると考えています。

2014年のブラジルW杯で優勝したドイツもそうでした。自分たちがやろうとしてきたことをやり抜く力があった。これを「心理的柔軟性」といいます。

心理的柔軟性は、日本の教育の中では育ちづらいと言えるでしょう。心理的柔軟性は英語で「Psychological flexibility」と言います。現状分析、今を分析するわけです。これがあった上で寛容に受け止める。そして、今できることをする。つまりはJust do itです。

心理的柔軟性

自分の心身の状態に気づく力を養っていく

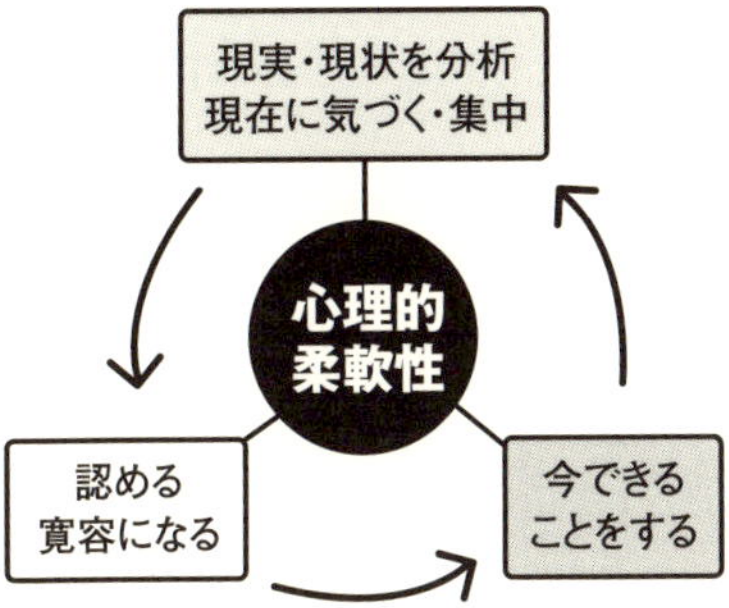

これができない状態というのが実力発揮できていない状態です。そして、過緊張にもつながるのです。現状を分析する力がなければ、「何したらいいんだろう」、「どうしたらいいいんだろう」、「指示が出ないと動けない」となります。

寛容に受け止め認めることができないと「意地でも」となって無理に戦ってしまったり、「逃げたい」と隠れたくなってしまいます。今できることを考えられなければ、「やばい」、「どうしよう」、「勝てるかな」となります。徐々に緊張は高まり、普段しないようなことをして空回ります。

受け止めてしまい、今できることはこれ

だと割り切りやっていく。無駄に、無理に戦おうとせずに、「今できることを受け止めてやり遂げていく」。これが心理的柔軟性です。これを作れるかどうかも大切です。

実力を発揮できず、空回り負けていくチームの多くは、無駄にいろいろなものと戦おうとしています。自我目標に縛られて、不安を闘争心や攻撃性で隠し、相手を必要以上に敵視したり、敵意的な攻撃性を持ってプレーするあまり、余計なファールを多発してしまうのです。

それで勝てればいいですが、世界では勝てないわけです。プレッシャーというものは、試合が近づくにつれて高まりますから、受け止めるしかない。受け止めて、今できることをしていけばいい。そういう習慣をつけていくことが大切です。

無駄に何かと戦い、無理にプレッシャーを不安に変える必要はないのです。プレッシャーは絶対にかかりますから、かかるものと思って受け止めればいいのです。

風船を指で押すと、へこみます。風船は元に戻ろうと押し返してきます。この時の指への力がプレッシャー、風船の元に戻ろうとする力が心の反応です。

無理に押し返し戦おうとすれば、破裂してしまうかもしれません。しかし、押された力に柔軟に反応すれば、横や前に力を逃がしていくことができます。押された指の力を利用して、さらに遠くへ逃がすこともできます。

プレッシャーに過剰反応して、「こうしなきゃ、ああしなきゃ」と焦らない方がいいのです。

試合前に選手はどうなっていますか？

キョロキョロする、ちょっとした指示や音に敏感になる、落ち着きがないなど、試合前に挙動不審になるのは、何とかしてプレッシャーを跳ね除けよう、跳ね除ける材料を探してプレッシャーから逃げる道を探しているわけです。

見なくていいものを見すぎて、聞かなくていいものを聞きすぎて、掘り返さなくていい過去のイメージを掘り返して、頭の中がパニックになっている状態です。

武道の世界でもそうですが、一流選手は流れるような動きで無駄がありません。緊張したり、変に戦ってしまったりすると、この流れが感じられなくなります。違和感がある動き、無駄に肩に力が入ってギクシャクした動きになってしまいます。

向くべきところに力が入っていないということです。心理的柔軟性を身につけていくためにも、目標というものが重要となります。何のために今を分析し、何のためにそれを寛容に受け止め、何のために行動していくのか。これはやはりシンプルにまとめられた目標がないとできません。流れるように対応できる受け止め方から自ずと集中が高まり、自然に体も反応していくようになるのです。

CHAPTER 4
8

サッカーにおけるコミュニケーション

サッカーにおけるコミュニケーションとは、声、アイコンタクト、ジェスチャーの3つがあります。

コミュニケーションの語源は、ラテン語の「コミニコ」という言葉です。コミニコは「共有する」という意味です。つまり、コミュニケーションというのはツーウェイの関係です。受信と送信の関係が成り立つことをコミュニケーションと呼ぶのです。

仕事の現場もそうですが、サッカーの指導現場でもよくワンウェイ（一方通行）になっているコミュニケーションを目にします。これをツーウェイ（双方向）にしていくことが大事で、ツーウェイの関係が成り立ってこそ真のコミュニケーションなのです。

人間は「送信するのが得意な人」と「受信するのが得意な人」に分かれます。

指導者の悩みとして、「選手から声が出ない」というのがあります。つまり、送信するのが下手だということですね。送信が苦手な選手は、受信するのがすごく上手な選手が多く、声を出さなくても感じて動けることが多いのです。

受信するのが上手な選手は、相手のパスをカットする力やカバーリングなどの読みがあります。読みの強い選手は、声を出さなくてもやれてしまいます。声を出すとさらにいいかもしれませんが、理解したいのは、一方的に「声を出せ」と言っても無理だということです。

こういう選手はどうやって声を活かしていくかというと、オトリやフェイクの声を使えるようにすれば面白いと思います。

喋ってしまうと相手とのコミュニケーションが成立してしまう、相手に悟られてしまいます。相手に悟らせないことが大事であって、コミュニケーションで「相手のイメージの逆を取ることができたら最高だよ」という伝え方がいいのではないでしょうか。

CHAPTER 4
9

話し上手、喋るのが得意なだけではリーダーシップは発揮できない

よく喋る選手、コミュニケーションをとれる選手の特徴は、意志統一をはかる、やるべきことを決定し意思決定を行ないチームに伝えることができる、といったピッチ上のリーダーシップを発揮できることです。

ただし、長期的な展望で結果を出していくためには、オフ・ザ・ピッチにおけるリーダーの存在が重要となり、このリーダーには話すスキルよりも、聞くスキルの方が重要となります。チームビルディングにおけるコミュニケーションでは、サッカーにおける競技力や個の力の側面よりも、グループメンテナンスをしていく力、聞く力が大事になります。

どちらが得意というのは選手によって異なると思いますので、選手の長所を伸ばすようにしていけばいいでしょう。

当然、聞くスキル、話すスキルの両方を個々人が上げていければいいと思います。特に日常生活、サッカーもそうだと思いますが、コミュニケーションというのは言葉を使わないものの方が多いのです。これはアクション、ジェスチャー、サイン、表情、姿勢、体の向き、髪型も服装も全てそうです。こういったものも全てコミュニケーションです。

言葉を使わないコミュニケーションのことを「ノンバーバルコミュニケーション」と言

います。バーバルコミュニケーションは言語コミュニケーション。ノンバーバルは非言語コミュニケーション。実はこの非言語の方が多いわけです。

たとえば、日常生活における人間のコミュニケーションは、55％がノンバーバルです。残りの38％が声の質やトーン。7％が話の内容です（メラビアンの法則）。

試合中は当然、無意識的にノンバーバルを見ているわけです。ノンバーバルでのコミュニケーションは味方同士でも行なう必要性があるし、相手のノンバーバルを見るということも大事です。

よくあるのが強豪校のユニフォームを見ただけで萎縮してしまう、「強そうだ」と感じてしまうことですが、それはやはり条件学習というもので、強豪校の強さをノンバーバルとして連想するので戦う前から気持ちの面で差が生まれるのです。

試合中も少し体を当てるだけで「この選手は強いぞ」とわかる時があります。走り出しを少し見ただけで「速いぞ」、「裏を取ってくるぞ」と感覚的に勘のようなものが働きますが、それはノンバーバルコミュニケーションによって得た情報によるものです。

実際、「勘」と勘違いしている人がいますが、第六感的な霊能力ではありません。ノンバーバルコミュニケーションを察する力がある選手というのは、やはり読みが良くて、相手の逆を取ったプレーができます。

CHAPTER 4 10

ノンバーバルコミュニケーションを用いて心理的に優位に立つ方法

相手のノンバーバルコミュニケーションを察知する力をつけていくことが、心理的に優位に立つことにつながるわけですが、当然思い通りになる可能性は低いと考えます。

しかし、コミュニケーションを理解していけば、予測力や察知力を向上させることができます。まずは、相手のプレーを遅らせること。判断を遅らせ、決断を迷わせる回数を増やすこと。

相手のノンバーバルを分析し、ボールの止め方、トラップの仕方、体の向き、目の置き所、相手のやりたいこと、狙っているプレーを絞り込んでいくこと。

また、「ミスコミュニケーション」というのは必ず起こります。ボールを使ったサッカーでは特に多い現象です。その中で、相手のミスコミュニケーションはどんな時に起きているのか、ということも感じ取りたいところです。

ボールを使って相手はどういうコミュニケーションをとろうとしているのかは、相手がどう攻めようとしているかを察することになります。起きているミスコミュニケーションや、相手がボールを失っている様子からそれを探っていきます。試合序盤から前半には特に重要です。技術が高くなればなるほどそういったボールを使ったコミュニケーションから得られる情報は多くなります。

CHAPTER 4
11

チームビルディング

グループとチームには違いがあります。みなさんはどのように考えますか？

端的に表現すると、「共通の目標」があるかないか。

共通の目標を持っているのがチーム、共通の目標を持っていないのがグループです。

当然個人の目標もありますが、チームとしてどういうところに行きたいのか。これを共通理解しておくことが大切です。また、チームがいきなりいいチームにはならないということも理解しておきたいことです。

初めに来るのが「①形成期」です。それは、チームのメンバーがそろう時期のことです。

次に来るのが「②混乱期」です。これは揉め事が起きてくる時期です。必ず訪れますから、事前に認識しておきたい時期です。

その次に訪れるのが「③規範期」です。チーム、学年特有の規範やルールが出来上がっていきます。していいこと、してはいけないこと、やるべきこと、活かすこと。これが出てくるのが規範期です。

続いて、「④生産・実行期」です。チームとして生産性を上げていく時期です。

最後に、「⑤解散期」、部活動なら卒業となる時期です。新たな旅立ちの時期のことです。

混乱期から規範期への移り変わりにチームの成長が隠されている

規範期に進むと、チーム特有のモラル形成、していいこと、してはいけないことの確立、意見の食い違いが出てくることもあります。ただ、意見の食い違いにはチームの成長が隠されていると考えなければいけません。

それらは必ず来るものだと思っておけばいいのです。こういうプロセスを知らなければ、ずっと混乱期が続いてしまいます。

このチームビルディングの流れを知っていれば、その時期が来ることをしっかりと受け止めることができ、「ここで揉め事も起きるのだ」とわかるようになります。この揉め事もチームの成長につながっていると理解できます。

ゴタゴタがあったチームの方が最後にはいいチームになっているケースが多いのです。

混乱期が来たあとには、必ず規範期が来る。ここでしていいこと、してはいけないこと、役割分担、さらなる目標が大事になってきます。

揉め事が起きた時にどう収集するか。目標を優勝に置くのか、ベスト4に置くのかという差です。

日本代表の本田圭佑選手は2014年のブラジルW杯前から優勝を宣言していました。一方で、日本代表の実力からすれば「ベスト4がいいところだから、優勝なんて高い目標を持ってもダメ」という意見もあったようです。

実はどちらも間違ってはいないのです。これはフロー理論で証明できます。能力が高いのに目標が小さすぎると退屈になります。能力が低いのに目標を高くすると、不安になります。人間が一番心地よい形、パフォーマンスが上がっている状態を「フロー」と呼びます。自分の能力と目標が合っていればいい。しかし、最終目標をフローに置く必要はありません。「第一歩目の目標をフローに置けばいい」のです。

大切なのは目前の試合に対して取り組む姿勢としてフローに入っていくこと。そのための目標は、「110%」です。第一歩目は、「限界+10%」くらいの目標の高さにすることが大事です。しかし、最終目標を110%に置く必要はありません。

最終目標が高い方が成果は上がりやすいということは研究結果からもわかっています。

優勝を目指すのは当然であり、そのための第一歩目をしっかりとプランニングしていかないと無駄な不安を生みます。

大切なのは第一歩目のごく局面的な一瞬一瞬の目標の高さをどこに置くか。

それが大体110%なのです。とりあえず、プラス10%の頑張りをしましょうということです。限界+10%の積み重ねが、最終的に140%、150%の目標を達成していくことにつながります。

まず、共通目標を持つこと。揉め事はチームの成長につながる。混乱はチームの成長につながる。その後の規範期で、チーム特有のモラルやルールが出てくればいいのです。

CHAPTER 4
12

リンゲルマン現象

リンゲルマン現象についても紹介しておきます。

ドイツの社会心理学者リンゲルマンは、綱引きの実験で人間の手抜きを証明しました。人数が増えるほど、人間は手を抜きやすくなるということです。

2人で綱引きをした時、一人当たりの引っ張る力は93%となります。

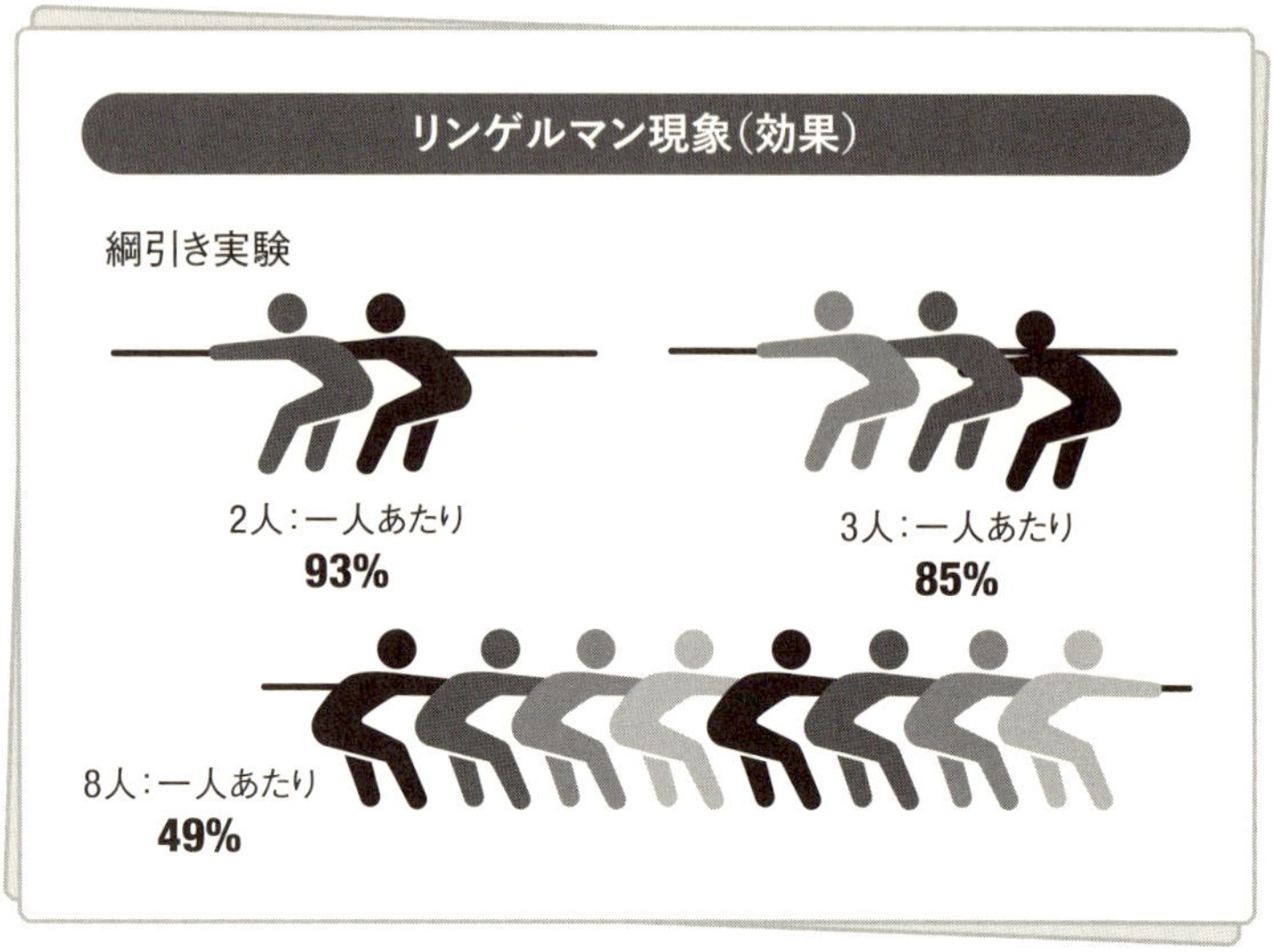

3人になると85％に低下。8人になると49％まで低下します。

実は、チームの場合は普段の練習でも出るのですが、大会が近くなってくるにつれ、この現象は顕著になってきます。

手を抜く選手の特徴は、結果・評価、比較を強く意識しすぎていることです。

「人数が多いから手を抜いてもばれないだろう……」

「頑張っても評価されにくいから……」

「つまらないから手を抜こう……」

この現象は、チーム崩壊へとつながっていってしまいます。

人は自分の成長、進化、グレードアップを目指せば、手を抜きません。この現象も起きにくくなります。お気づきの通り、チームビルディングにおいても、目標設定が大切となるのです。

参 考 文 献

- Bill Beswick (2001) Focused for Soccer Human Kinetics Inc.
- Alanna Jones (2002) More Team-Building Activities for Every Group Rec Room Publishing,Inc.
- Tom Fleck and Ron Quinn (2002) The Baffled Parent's Guide To Great Soccer Drills Ragged Mountain Press.
- Orlick,T. (1986) Evolution in children's sport. Sports for children and youths Hyuman kinetics.
- Orlick,T. (2000) In pursuit of excellence:how to win in sport and life through mental trining Leisure Press.
- Jim Taylor&Ceci taylor (1995) Psychology of dance Human Kinetics Inc.
- Rainer Martens (1997) Successful Coaching Human Kinetics Inc.
- Lew hardy,Graham Jones,&Daniel Gould (1996) Understanding Psychological preparation for sport Wiley&Sons Ltd.
- Damon Burton (2008) Sport Psychology for Coaches Human Kinetics Inc.
- Thelma S.Horn (2002) Advances in Sport Psychology 3edition Human Kinetics Inc.
- ヘルムート・スヴォボーダ/ミヒャエル・ドラクザル（三森ゆかり/田嶋幸三監訳　今井純子訳）「ワークとドリルで学ぶサッカー実践メンタル強化法」大修館書店 2007
- レイナー・マートン（猪俣公宏監訳）「コーチングマニュアル　メンタル・トレーニング」大修館書店 1991
- マルセロ・ロッフェ（今井健策監修）「サッカーメンタル強化書」実業之日本社 2008
- フランク・スモール/ロナルド・スミス（市村操一/杉山佳生/山本裕二監訳）「ジュニアスポーツの心理学」大修館書店 2008
- 財団法人日本サッカー協会技術委員会監修「第6回フットボールカンファレンス報告書」財団法人日本サッカー協会 2009
- 財団法人日本サッカー協会技術委員会監修「第4回フットボールカンファレンス報告書」財団法人日本サッカー協会 2005
- 財団法人日本サッカー協会技術委員会監修「テクニカルニュース」財団法人日本サッカー協会 2004（創刊準備号）～ 2009（Vol.34）
- 財団法人日本サッカー協会スポーツ医学委員会「選手と指導者のためのサッカー医学」金原出版 2005
- Sportsmedicine Quarterly No.27 （有）ブックハウス・エイチディ 2000
- アスリートのためのライフスキルプログラム研究会「アスリートのためのライフスキル」アスリートのためのライフプログラム編　2007
- 田嶋幸三「『言語技術』が日本のサッカーを変える」光文社新書 2007
- ジム・レイヤー(青島淑子訳)「メンタル・タフネス　ストレスで強くなる」TBS ブリタニカ 1998
- ジム・レーヤー（スキャン・コミュニケーションズ監訳）「メンタル・タフネス」TBS ブリタニカ 1997
- ミッシェル・イェシス（古市英訳）「ソビエト・スポーツの強さの秘密」ベースボールマガジン社 1990
- 大儀見浩介　「東海大学体育会サッカー部におけるメンタルトレーニングの実践」　東海大学体育学部アスリートコース　2001
- 大儀見浩介　「高校サッカー部におけるメンタルトレーニングの実践」2009 日本フットボール学会抄録集 2009
- 松田保　「一流選手を育てるとはどういうことか」二見書房 2003
- 徳永幹雄　「教養としてのスポーツ心理学」大修館書店 2005
- 徳永幹雄　「ベストプレイへのメンタルトレーニング」大修館書店 1996

- トーマス・タッコ他　(松田岩男他訳)「スポーツサイキング」講談社 1978
- R.M ナイデファー　「集中力」河出書房新社 1955
- ビル・ベスウィック (石井源信　加藤久監訳)「サッカーのメンタルトレーニング」　2004
- ガーフィールド他 (荒井ほか訳)「ピークパフォーマンス」ベースボールマガジン社 1988
- ポルスター (綿引勝美訳)「リスクトレーニング」ブックハウスHD社 1999
- イェシス (古市英児訳)「ソビエト・スポーツの強さの秘密」ベースボールマガジン社　1990
- スイン (園田順一訳)「スポーツメンタルトレーニング　ピークパフォーマンスへの7段階」岩崎学術出版社 1995
- マーフィー (廣淵升彦訳)「アチーブメント・ゾーン未来を切り開く心理学」文藝春秋 1997
- 猪俣公宏　(JOC・日本体育協会監修)「選手とコーチのためのメンタルマネジメントマニュアル」大修館書店 1997
- ボブ・ロテラ＋ボブ・カレン (菊谷匡祐訳)「私が変わればゴルフが変わる」飛鳥新社 1996
- ジョン・アンドリサーニ (小林裕明訳)「タイガー・ウッズの強い思考」2004
- ロビン・S・ビーリー (徳永幹雄監訳)「実力発揮のメンタルトレーニング」大修館書店 2009
- Glyn C.Roberts (中島宣行監訳)「モチベーション理論の新展開」創成社 2004
- 日本スポーツ心理学会　「スポーツ心理学事典」大修館書店 2008
- ジェリー・リンチ (水谷豊他役)「クリエイティブ・コーチング」大修館書店 2008
- シェーン・マーフィー (廣淵升彦訳)「アチーヴメント・ゾーン」文藝春秋 1997
- ジーコ (小林武久他訳)「監督ジーコ、語る」ぴあ株式会社 2004
- W・T・ガルウェイ (後藤新弥訳)「インナーゲーム」日刊スポーツ出版社 1976
- W・T・ガルウェイ (後藤新弥訳)「インナーテニス」日刊スポーツ出版社 1978
- W・T・ガルウェイ (後藤新弥訳)「インナーゴルフ」日刊スポーツ出版社 1981
- W・T・ガルウェイ (後藤新弥訳)「新インナーゲーム」日刊スポーツ出版社 2000
- 里見悦郎「最新ソビエトスポーツ研究」不味堂出版 1991
- 弓桁義雄「現場が期待する心理サポート」スポーツメンタルトレーニング指導士ニュースレター第 6 号 2008
- ジェリート・トーマス他 (宮下充正訳)「体育・スポーツ科学研究法」大修館書店 1999
- アラン・S・ゴールドバーグ (佐藤雅幸監訳)「スランプをぶっとばせ」ベースボール・マガジン社 2000
- ピア・ニールソン & ロン・マリオット (小坂恵理訳)「ゴルフ　ビジョン 54 実戦編」ランダムハウス講談社 2008
- ピア・ニールソン & ロン・マリオット (小坂恵理訳)「ゴルフ　ビジョン 54 の哲学」ランダムハウス講談社 2008
- ジェラール・ウリエ＋ジャック・クルボアジェ (小野剛＋今井純子訳)「フランスサッカーのプロフェッショナル・コーチング」大修館書店 2000
- マーク B. アンダーセン (辻秀一＋布施努訳)「競技力アップのスポーツカウンセリング」大修館書店 2008
- ロイ・リーズ , コル・ヴァン・デル・ミア (進藤正幸訳)「サッカーサクセスフルコーチング」大修館書店 2007
- ジョン・M・ホッグ (田中ウルヴェ京訳)「水泳メンタルトレーニング」ベースボール・マガジン社 2003
- フリーツ・バーランド / ヘンク・ファンドープ (金子達仁監訳)「ヨハン・クライフ　美しく勝利せよ」二見書房 1999
- ドゥンガ (前田和明翻訳)「セレソン」NHK 出版 1998

・ルーカ・カイオーリ（堤康徳監訳）「The Smiling Champion Ronaldinho」ゴマブックス株式会社 2006
・アーセン・ベンゲル（岡田紀子翻訳）「勝者のエスプリ」NHK 出版 1997
・ピエール・リトバルスキー（山際淳司監修）「Litti ピエール・リトバルスキー自伝」同朋舎出版 1994
・プレジデント Family　2008 年 2 月号　58 ～ 63　プレジデント社 2008
・日本スポーツ心理学会「スポーツメンタルトレーニング教本」大修館書店 2002
・上田雅夫監修「スポーツ心理学ハンドブック」実務教育出版 2000
・テリー・オーリック（高妻容一他訳）「トップレベルのメンタルトレーニング」1996
・ケン・ラビザ他（高妻容一他訳）「大リーグのメンタルトレーニング」ベースボール・マガジン社 2002
・高妻容一「明日から使えるメンタルトレーニング」ベースボール・マガジン社 1995
・高妻容一「サッカー選手のためのメンタルトレーニング」TBS ブリタニカ 2002
・高妻容一「今日からはじめるベースボール・メンタルトレーニング」ベースボール・マガジン社 2006
・高妻容一「野球メンタルトレーニング」西東社 2006
・高妻容一「今すぐ使えるメンタルトレーニング選手用」ベースボール・マガジン社 2002
・高妻容一「今すぐ使えるメンタルトレーニングコーチ用」ベースボール・マガジン社 2003
・高妻容一「基礎から学ぶメンタルトレーニング」ベースボール・マガジン社 2008
・高妻容一「野球選手のメンタルトレーニング」ベースボール・マガジン社 2008
・高妻容一他「爆笑問題のニッポンの教養　スポ根なんていらない?スポーツ心理学」講談社 2008
・高妻容一「社会人の実践メンタルトレーニング」恒文社 2009
・高妻容一他「サッカーチームにおけるメンタルトレーニングの実践その 1：心理的コンディショニングのプログラムとその実践について」サッカー医・科学研究 Vol.18 日本サッカー協会報告書編集委員会 P103~112　1998
・高妻容一他「ユニバーシアード 95 福岡大会：日本代表サッカーチームの科学的サポート・支援部隊（その 3）メンタルトレーニングと心理的サポート」サッカー医・科学研究 Vol.17　日本サッカー協会報告書編集委員会 1997
・高妻容一他「東海大学サッカー部のメンタルトレーニングと心理的サポート」サッカー医・科学研究 Vol.21 日本サッカー協会報告書編集委員会 2001
・Yoichi Kozuma (2008)Cultual Sport Psychology:Samurai&Science:Sport Psychology in Japan Human Kinetics
・宮崎純一他「ユニバーシアード日本代表サッカーチームにおけるメンタルトレーニングの実践とその後の発展性について」サッカー医・科学研究 Vol.19 日本サッカー協会報告書編集委員会 P234 ～ 126 1999
・宮崎純一他「サッカーチームにおけるメンタルトレーニングの実践　その 2：心理的コンディショニングの実践とパフォーマンスについて」サッカー医・科学研究 Vol.18 日本サッカー協会報告書編集委員会 P113 ～ 118　1998
・宮崎純一他「メンタルトレーニングの継続と競技意欲の向上について」サッカー医・科学研究 Vol.20 サッカー協会報告書編集委員会 P159 ～ 162　2000
・宮崎純 一 他「サッカーチームにおけるメンタルトレーニングの実践　その 2: 心理的コンディショニングの実践とパフォーマンスについて」サッカー医・科学研究 Vol. 18 日本サッカー協会報告書編集委員会 P113~118　1998
・宮崎純 一 他「メンタルトレーニングの継続と競技意欲の向上について」サッカー医・科学研究 Vol.20 サッカー協会報告書編集委員会 P159~162　2000

おわりに

心は一人一人違うものです。
表情、指紋と同じように、心は一人一人違っているから素晴らしいのです。
勝ち方、成長の仕方も一人一人違うものです。本書を通じて、みなさんの工夫の手掛かりとなることがあれば幸いです。

勝った選手が成長するのか？　それとも成長した選手が勝つのか？

この問いにみなさんは今どのような見解を出されているでしょうか。ただ勝ちたいのであれば、大人は子どもと勝負すればいい。高校生は小学生と勝負すればいい。そうすれば、必ず勝つでしょう。

しかし、そうした勝負に勝って嬉しいでしょうか？

成長を実感できるでしょうか？

もっとうまくなりたい！　また勝ちたい！　となるでしょうか？

その答えが今、はっきりしたものになっていることを願っています。

サッカーがもっと上手くなりたい、もっとサッカーをやりたい、という心の中の火がともっていることを願います。


今回は、サッカーという競技の中でぜひ知っておいてもらいたいメンタルについてまとめましたが、私は人間の心の根幹は「やる気：モチベーション」だと考えています。

やる気さえ自分でコントロールできるようになれば、これまでにも増して集中力もリラックスも自信もブレることなく自分で育てていくことができます。

何より、心はトレーニングで強くなることを知り、自分自身にまだまだ伸びしろがあるのだということを忘れないで下さい。

みなさんのメンタルトレーニングは、ここからがスタートです。チャレンジを続ければ、心はさらに強く、さらに大きくなっていきます。逆にトレーニングをやめてしまえば、心はやせ細ってしまいます。

心は死ぬまで成長していくものです。

ぜひ、サッカーを通じて自分の、自分らしい心を育んでいってください。

大儀見浩介

【著者略歴】

大儀見浩介（おおぎみ・こうすけ）

1979年、静岡県清水市生まれ。東海大学第一中学校（ 現・東海大学付属翔洋高等学校中等部）サッカー部時代に、全国優勝を経験。東海大一高ではサッカー部主将として鈴木啓太氏（元・浦和レッズ）とプレーした。
東海大学進学後、高妻容一研究室にて応用スポーツ心理学（メンタルトレーニング）を学び、現在はスポーツだけでなく、教育、受験対策、ビジネス、社員研修など、様々な分野でメンタル
トレーニングを指導している。また、スポーツ心理学に基づく「メンタルトレーニング」理論をベースとし、目標設定、集中力アップ、コミュニケーション、チームビルディング等をテーマに年間250 本の講演活動を行っている。
帝京平成大学非常勤講師。一般社団法人日本スポーツサポートベースJASSBA理事。株式会社メンタリスタ代表取締役社長。

[STAFF]

構成　小澤一郎
カバーデザイン　柿沼みさと
本文デザイン　若松隆（ワイズファクトリー）

試合《しあい》でベストのパフォーマンスを発揮《はっき》する

サッカー　メンタル強化《きょうか》メソッド

著　者　大儀見浩介
発行者　増田義和
発行所　株式会社実業之日本社
〒104-8233　東京都中央区京橋 3-7-5　京橋スクエア
電話　03-3562-4041（編集）
03-3535-4441（販売）
ホームページ　http://www.j-n.co.jp/
印刷所　大日本印刷株式会社
製本所　株式会社ブックアート

ISBN978-4-408-45593-8

1603(01)